KARIBIK

TAUCHFÜHRER

Jahr Verlag Hamburg

The Caribbean • Diving Guide
© 1996 White Star S.r.L.
Via Candido Sassone, 22/24
13100 Vercelli, Italien

Karibik
Tauchführer

Alle Rechte in deutscher Sprache

Jahr Verlag GmbH & Co.
22767 Hamburg
Tel. 040/38906-0
Telefax 040/38906-302

Alle Rechte, auch die der Übersetzung, der Verfilmung, des Vortrages, der Rundfunksendung und Fernsehübertragung sowie der fotomechanischen Wiedergabe, vorbehalten.

ISBN 3-86132-180-7

Die Deutsche Bibliothek – CIP-Einheitsaufnahme

Amsler, Kurt:
Karibik : Tauchführer / Kurt Amsler. [Bearb.: Jörg Keller]. – Hamburg : Jahr, 1996
    Einheitssacht.: The Caribbean Diving Guide <dt.>
    ISBN 3-86132-180-7
NE: Keller, Jörg [Bearb.]; HST

Seite 1
Zu den besonders typischen Tieren gehören in der Karibik die Kaiserfische – hier ein Grauer Kaiserfisch (Pomacanthus arcuatus).

Seite 2 - 3
Atemberaubend ist der Anblick, wenn das Flugzeug tiefer geht und zur Landung ansetzt – hier sieht man die Küstenlinie von Belize.

KARIBIK
TAUCHFÜHRER

Inhalt

Einleitung	Seite 6
Die Bahamas	Seite 12
1 Grand Bahama: Shark Junction	Seite 14
2 Grand Bahama: Theo's Wreck	Seite 18
3 Grand Bahama: The Dolphin Experience	Seite 22
Florida Keys	Seite 26
4 Key Largo: Wrack der „Duane"	Seite 28
5 Key Largo: Dry Rock / Christ of Abyss	Seite 32
6 Key Largo: Molasses Reef	Seite 36
Kuba	Seite 40
7 Pinos: Cabo Francés	Seite 42
8 Cayo Largo: Cabezeria de Cayo Blanco	Seite 46
9 Los Jardines de la Reina: The Octopus Lair	Seite 50
Mexiko	Seite 54
10 Cozumel: Santa Rosa's Wall	Seite 56
11 Cozumel: Palancar Caves	Seite 60
12 Cozumel: Columbia Wall	Seite 64
Cayman Islands	Seite 68
13 Grand Cayman: Stingray City	Seite 70
14 Grand Cayman: Babylon	Seite 74
15 Grand Cayman: Orange Canyon	Seite 78
16 Grand Cayman: Three Sisters	Seite 82
Belize	Seite 86
17 Lighthouse Reef: Giant Blue Hole	Seite 88
18 Long Cay: Long Cay Aquarium	Seite 92
19 Lighthouse Reef: Halfmoon Wall	Seite 96
Bay Islands	Seite 100
20 Guanaja: Wrack des „Jado Trader"	Seite 102
21 Guanaja: Jim's Silver Lode	Seite 106
22 Guanaja: Black Rocks	Seite 110
Französische Antillen	Seite 114
23 Guadeloupe: Jacks Reef	Seite 116
24 Guadeloupe: Hot Water Springs	Seite 118
25 Martinique: Pointe Burgos	Seite 124
26 Martinique: Rocher du Diamant	Seite 128
Niederländische Antillen	Seite 132
27 Curaçao: Mushroom Forest	Seite 136
28 Curaçao: Wrack des „Superior Producer"	Seite 140
Die Fische der Karibik	Seite 144

Texte und Fotos
Kurt Amsler
Daniel Deflorin
Eleonora De Sabata
Andrea Ferrari
John Neuschwander

Biologische Beratung
Angelo Mojetta

Redaktion
Valeria Manferto
De Fabianis

Graphic Design
Patrizia Balocco
Clara Zanotti

Illustration der Tauchplätze
Cristina Franco

Illustration der Fische
Monica Falcone

Lektorat
Jörg Keller

Satz
Partner Satz GmbH, Hamburg

EINLEITUNG
von Kurt Amsler

Der Teil des Atlantik, der sich von 110° bis 180° westlicher Länge und 30° bis 10° nördlicher Breite erstreckt, wird von den meisten global als „die Karibik" bezeichnet. Dieser Name wurde von den europäischen Eroberern kreiert und ist abgeleitet von der Bezeichnung für die Ureinwohner, die Karaiben. So wie fast alle Inseln in diesem Teil der Welt den Anspruch erheben, daß Christoph Kolumbus genau auf ihnen seinen Fuß an Land gesetzt habe, so bezeichnen sich auch alle als „karibische Inseln", weil sich das besser verkaufen läßt. Geografisch sind aber die Grenzen genau definiert. Die Karibische See liegt zwischen Kuba im Norden, den Antillen im Osten, Kolumbien und Venezuela im Süden und den mittelamerikanischen Staaten Honduras, Nicaragua, Belize und Mexiko im Westen. Nördlich von Kuba und der Halbinsel Yucatan beginnt der Golf von Mexiko. Die Bahamas liegen nordöstlich davon, also eigentlich im Atlantik.

A – Die Entwicklungsgeschichte und die Zusammensetzung der karibischen Riffe sind unterschiedlich zu denen des Indopazifiks, aber auch hier findet man außerordentlich schöne Unterwasserlandschaften.

B – Wellen und Strömungen sind unermüdlich dabei, die Küste und die unterseeischen Riffe zu verändern. Dieses Foto zeigt den Riffverlauf um Guadeloupe.

Alle Bereiche der Karibik weisen eine subtropische Fauna und Flora auf und bieten ausgezeichnete Tauchgründe. Das ist auf die vorherrschende warme Meeresströmung zurückzuführen. Sie beginnt mit der Äquatorialströmung, die vor dem Passatwind nach Westen fließt und große Wassermengen gegen die westindischen Inseln drückt. Ein Teil der Strömung wird von den Bahamas nach Norden abgelenkt, das meiste Wasser aber läuft zwischen der Inselkette hindurch gegen das mittelamerikanische Festland. Vom Festland und vom Golf von Mexiko blockiert, wendet sich die warme Strömung nach Nordosten und schießt zwischen Kuba und Florida als Golfstrom in den Atlantik hinaus. Die Karibische See sowie die bahamesischen Gewässer sind keine Korallenmeere wie beispielsweise der Indische Ozean oder der Pazifik, weil die riffbildenden Korallen fehlen. Der Meeresgrund ist ein bizarres, mit Schluchten und Höhlen durchsetztes Kalkstein- und Lavagebirge. Die ganze Landschaft entstand zwischen und nach den Eiszeiten. Damals lag der Meeresgrund Hunderte von Metern tiefer, und Umweltkräfte wie gewaltige Wasserläufe, tektonische Verlagerungen sowie Vulkanausbrüche haben den jetzigen Meeresboden geformt. Überall in der Karibik kann man Höhlen betauchen, deren Einstieg unter Wasser liegt und die voller Stalaktiten und Stalagmiten sind. Sie sind ein eindeutiger Beweis für diese Entstehungstheorie.

Heute haben eine vielfältige Fauna und Flora die Meeresgründe erobert. Ein Wahrzeichen der karibischen Unterwasserwelt sind die vielen farbigen Schwämme in allen nur möglichen Formen und Größen. Man trifft sie in allen für den Taucher erreichbaren Tiefen, und nicht selten haben sie Ausmaße, daß sogar ein Mensch darin Platz finden könnte. Einzigartig sind auch die Weich- und Fächerkorallen. Einige ähneln stark den Gorgonien des Mittelmeers oder tropischen Arten aus den anderen Weltmeeren. Die meisten sind jedoch endemisch, also nur in karibischen Gewässern anzu-

C – Ein blaues Loch tut sich mitten im Riff auf. Das ist das klassische Erkennungszeichen für eine unterirdische Höhle, deren Decke eingebrochen ist.

D – Viele karibische Inseln weisen dank regelmäßiger Regenfälle eine üppige Vegetation auf.

E – Häufig begleiten Delphine das Boot, das zum Tauchen ausfährt, und vollführen ihre akrobatischen Kunststücke.

*F – Auf dem Sandgrund sind die Amerikanischen Stechrochen (**Dasyatis americana**) nicht selten – die Attraktion von Stingray City auf Grand Cayman.*

*G – Ein riesiger Schwarzer Zackenbarsch (**Mycteroperca bonaci**), fotografiert in einer für ihn ungewöhnlichen Umgebung, nämlich auf dem nackten Sandgrund.*

H – Zur Sicherheit der Taucher sind die Tauchplätze häufig mit Bojen oder anderen Hinweisen markiert. Dennoch sollte man sich der Hilfe eines Tauchguides bedienen.

treffen. Erstaunlicherweise sind nicht – wie aus den anderen Meeren bekannt – die tieferen Regionen damit bewachsen, sondern die Hornkorallen beleben hier den Meeresboden von drei bis zwanzig Meter Tiefe. Der Taucher fühlt sich in ein Zauberland versetzt, wenn er über diese Korallenfelder gleitet, wo die fächer- oder strauchartigen Korallen sich in der Dünung wie im Wind hin- und herwiegen. In den oberen Regionen wachsen auch Steinkorallen so dicht und bilden eine Art Barriere, daß die Bezeichnung Korallenriff zutreffend erscheint, auch wenn die eigentlichen riffbildenden Korallen fehlen. Es sind große Elchgeweihkorallen, verzweigte Hirschhornkorallen, gelbe Feuerkorallen, Salatblattkorallen und kugelige Hirnkorallen.

Das spektakulärste aber in der karibischen Unterwasserlandschaft sind die Steilabfälle, die sogenannten Dropoffs. Da, wo das Riff senkrecht in Tiefen von 2000 Meter und mehr abfällt, erlebt der Taucher die Abenteuer seines Lebens.

Die Palette der Lebensformen beginnt bei den Niederen Tieren: Schnecken, Muscheln und Würmer, die sich von ihren Verwandten in anderen Meeren nicht stark unterscheiden. Krustentiere, zu denen unter anderem Krebse, Hummer, Garnelen und Langusten zählen, sind überaus häufig. Die kleinen, bunten Riffische bringen auch hier Farbe ins Riff, wenn auch nicht in einem solchen Artenreichtum wie im Indischen Ozean und im tropischen Pazifik. Typisch für die karibischen Gewässer sind die Kaiserfische.

A – Die großen Felsformationen, die in den Blue Holes von der Decke der Seitengänge hängen, sind die Überbleibsel von Stalaktiten.

B – Viele der Wracks, die in der Karibik auf dem Meeresgrund liegen, sind begehrte Tauchziele. Teilweise handelt es sich um ausgediente Schiffe, die man speziell als Tauchattraktion versenkte.

C – Zu den charakteristischen Merkmalen der karibischen Unterwasserlandschaft gehören die Hornkorallen (Gorgonien). Während sie in anderen Meeren meist fächerförmig sind, findet man sie hier in den unterschiedlichsten Wuchsformen.

Sie werden bis 40 Zentimeter lang und übertreffen in der Größe alle ihre Artgenossen in den anderen Weltmeeren.
Nur in der Karibik findet man die Gestreiften Nassau-Zackenbarsche. Diese Fische erreichen ein respektables Gewicht und sind an den vielbesuchten Tauchplätzen zutraulich wie junge Hunde. Die riesigen Sandflächen bieten ideale Lebensgrundlagen für Stechrochen. Diese Tierart ist bodenlebend und ernährt sich von Krebsen und anderem Getier, das im Sandgrund aufgestöbert wird. Die Stechrochen können eine Flügelspannweite bis über einen Meter erreichen und haben einen langen Schwanz, der am letzten Drittel einen giftigen Stachel aufweist. Sie sind aber absolut harmlose Tiere und benutzen ihre gefährliche Waffe nur zur Verteidigung. Vor der Insel Grand Cayman leben sie zu Hunderten in der Lagune und sind eine Attraktion für Touristen, die mit ihnen schnorcheln und tauchen können.

Wo der Meeresgrund in die Tiefe abfällt, patrouillieren alle Arten von Großfischen: Mantas und Adlerrochen, Grauhaie, Hammerhaie, Barrakudas und große Makrelenschwärme. Auch der größte aller Fische, der über zehn Meter lange Walhai, ist in den karibischen Gewässern nicht selten.
Von den Florida Keys bis hinunter zu den Antillen ist das Tauchen professionell organisiert. Auf allen Inseln und an den Küsten, die für den Tourismus erschlossen sind, gibt es gut ausgerüstete Tauchbasen. Sie operie-

D – Auch die Schwämme bestimmen maßgeblich die karibische Unterwasserlandschaft. Sie werden teilweise riesengroß.

E

G – *Dieser kleine Sergeantfisch scheint über den Besuch des Tauchers überrascht. Obwohl der Tourismus in der Karibik gut entwickelt ist, gibt es noch neue Tauchgründe zu entdecken.*

H – *Das prächtige Stilleben verdeutlicht die Vielfalt der Lebensformen in der Karibik.*

Dann geistern natürlich auch noch all die Geschichten von Piraten, Schatzsuchern und Abenteurern herum, die der Werbung sehr zustatten kommen. Wie ihr Wahrheitsgehalt auch sein mag – interessant und spannend sind sie allemal, und schon so mancher Besucher hat nach einigen Drinks in einer der unzähligen „Buccaneer's Cove" oder „Pirates Den" das Gefühl gehabt, der berühmt-berüchtigte Henry Morgan persönlich stehe nach Mitternacht in der Tür.

F

G

H

E – *Haibegegnungen sind in der Karibik nichts Ungewöhnliches. An bestimmten Plätzen wie Shark Junction bei Grand Bahama kann der Taucher sogar einer Fütterung beiwohnen.*

F – *Das reiche Leben in den Riffen beschert dem Fotografen eine Fülle reizvoller Motive. Hier eine Gefleckte Meerbarbe* (Pseudopeneus maculatus).

ren nach amerikanischem Standard, bieten moderne Ausrüstung und garantieren große Sicherheit. Die besten Tauchgebiete in diesem Teil der Welt sind, von Norden nach Süden aufgezählt: die Florida Keys, die Bahamas, Mexikos Halbinsel Yucatan mit der vorgelagerten Insel Cozumel, Kuba, Turks und Caicos, die Cayman Islands, Belize, Honduras mit der Insel Guanaja, die Virgin Islands, die Französischen Antillen sowie die Niederländischen Antillen mit den Inseln Bonaire und Curaçao.

Die Karibik übt eine besondere Faszination auf den Besucher aus. Es sind sicher nicht nur die hervorragenden Tauchgebiete, das angenehme Klima und die touristische Infrastruktur, die das bewirken. Ich glaube vielmehr, das kommt vor allem von der Mentalität der Menschen, die da leben, und von der Musik, die sie machen. Ihre Fröhlichkeit und Lebensfreude sind ansteckend und verwandeln jeden vom Alltag der Heimat frustrierten und gestreßten Touristen im Handumdrehen.

UNTERWASSER-FOTOGRAFIE

A – Die farbenprächtigen Fische – hier zwei Kaiserfische – sind die Hauptattraktion für den Fotografen.

B – Die Vielfalt der Lebensformen liefert unendlich viele Motive.

C – Die Makrofotografie zeigt diesen Korallen-Krötenfisch (Sanopus splendidus) *deutlicher, als das Auge ihn unter Wasser sieht.*

D – Schwämme und Seefedern gehören zu den beliebten Motiven in karibischen Gewässern.

E – Die Beschaffenheit des Meeresbodens und des Riffs liefert in allen Tiefen interessante Motive. Selbst auf Wracks kann man prächtige Lebensformen bewundern.

Bei der vielfältigen Unterwasserwelt in den Gewässern der Karibik und der Farbenpracht der Fische und Korallen drängt es sich auf, diese Schönheiten mit der Kamera festzuhalten. Viele anfänglich nur sportlich orientierte Taucher haben in der Unterwasserfotografie völlig neue Dimensionen ihres Sports und Ferienvergnügens gefunden.

Viele Taucher sind also bereits zu begeisterten UW-Fotografen (oder -Filmern) geworden. Viele haben ebenfalls den Wunsch, mit der Fotografie zu beginnen, wagen aber den Schritt nicht, weil der UW-Fotografie leider immer noch der Ruf vorausgeht, daß es schwierig sei, unter Wasser gute und farbenprächtige Bilder zu machen. Das war vor Jahren absolut zutreffend, weil die Apparaturen kompliziert waren. Heute gibt es moderne und einfach zu bedienende Unterwasserkameras und -blitze, die qualitativ hochwertige Bilder liefern. Am populärsten sind Amphibienkameras wie die MOTORMARINE und die NIKONOS. Diese Geräte sind von Hause aus wasserdicht und druckfest und benötigen deshalb kein Gehäuse mehr. So ausgerüstet wird der Fotograf sehr rasch gute Aufnahmen zur Oberfläche bringen. Ebenfalls können moderne automatische Landkameras in speziell dafür gefertigte Gehäuse eingebaut werden.

Die Gewässer der Karibik bieten die besten Voraussetzungen für die UW-Fotografie. Vor allem ist die Transparenz des Wassers ein wichtiger Faktor für gute Aufnahmen. Es gibt zwar auch in der Karibik Jahreszeiten, in denen die Wasserklarheit nicht optimal ist, aber es kommt selten vor, daß das Fotografieren wirklich unmöglich wird. In der Regel hat der Fotograf fast eine Garantie für ideale Bedingungen. Eine große Rolle bei Aufnahmen unter Wasser spielt das Sonnenlicht. Es wäre falsch zu glauben, daß die Verwendung eines Blitzlichts ein Miteinbeziehen des Sonnenlichts unnötig macht. Vor allem bei der Weitwinkelfotografie ist das Umgebungslicht ein wichtiger Faktor. Die Topographie des Meersbodens und der Riffverlauf ermöglichen es dem Fotografen in der Karibik, die schönsten Motive schon in den oberen Regionen, das heißt von fünf bis 30 Meter, zu finden. In solche Tiefen dringt das Licht der fast ständig scheinenden Sonne problemlos vor. Sie trägt dazu bei, daß neben den durch das Blitzlicht eingebrachten Farben im Vordergrund noch ein schöner, blauer Hintergrund auf den Fotos zu sehen ist.

Das helle und klare Wasser ermöglicht es dem Fotografen, Filme mit normaler Empfindlichkeit zu verwenden. Beste Resultate bringen Filme mit 100 ASA/ISO. In den Gewässern der Karibik hat sich der FUJI Provia-Film gut bewährt. Er gibt ein schönes

Blau und das leuchtendste Rot wieder. Wie schon erwähnt, ist ein UW-Blitzgerät nötig, um farbenprächtige Bilder zu erzielen. Da das Wasser mit steigender Tiefe die Farbanteile des Sonnenlichts ausfiltert, würden ohne Blitz schon ab drei bis vier Meter Tiefe selbst die buntesten Fische und Korallen in einem faden Blaugrün auf unseren Fotos erscheinen.

Wer nur schnorcheln und in den oberen Wasserschichten bis fünf Meter Tiefe fotografieren will, erhält mit dem speziellen Film Kodak UNDERWATER die besten Bilder. Dieser Film ist sehr rotempfindlich und verstärkt deshalb den noch verbleibenden Rotanteil des Lichts.

F

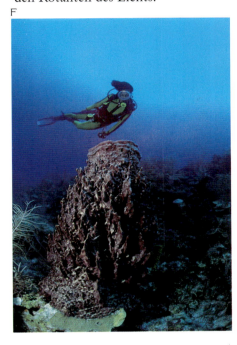

Die Motive in den Gewässern der Karibik sind unendlich: Landschaftsaufnahmen mit Tauchern oder Fischschwärmen, die über dem Riff stehen, sind immer spektakulär. Auch wenn Sie eines der in diesem Buch beschriebenen Wracks betauchen, lohnt es sich, die Kamera dabeizuhaben. Für solche Szenarien muß ein Weitwinkelobjektiv verwendet werden. Am besten eignen sich dazu Objektive mit Brennweiten von 20 bis 14 Millimeter. Mit einem Objektiv normaler Brennweite müßte sich der Fotograf nämlich zu weit vom Motiv entfernen, um es vollformatig abzulichten. Das Ergebnis wären wegen des langen Weges der Lichtstrahlen kontrastlose und blaugrüne Bilder. Neben dem Vorteil der kurzen Aufnahmedistanzen bestechen solche Weitwinkel- oder auch „fisheye"-Objektive auch durch eine enorme Tiefenschärfe über das ganze Bild.

Für weniger große Sujets, Taucheraufnahmen, Gorgonien, Weichkorallen, Röhren- und Faßschwämme sowie kleinere Fischschwärme sind Brennweiten von 20 bis 28 Millimeter ideal. Hält der Fotograf Aufnahmedistanzen von 0.8 bis 1.5 Meter ein, erhält er extrem scharfe, kontrastreiche und absolut farbechte Aufnahmen.

Für Einzelfische, Anemonen, Ausschnitte aus Korallenformationen, kleinere Schwämme und Gorgonien werden am besten Objektive mit Brennweiten von 35 bis 50 Millimeter verwendet. Bei diesen Brenweiten ist die Tiefenschärfe nicht sehr groß. Der Fotograf muß deshalb darauf achten, mindestens eine Blende von acht oder elf zu wählen. Das wiederum bedeutet, daß die Aufnahmedistanz etwa einen Meter, besser sogar weniger, betragen sollte.

Die faszinierende Welt der Nah- und Makrofotografie soll keinesfalls unberücksichtigt bleiben. An, auf und in den Korallen leben unzählige Niedere Tiere. Dazu gehören farbenprächtige Nacktschnecken und Würmer, aber auch Garnelen und Krebse. Details von Weichkorallen, Anemonen, Schwämmen und die Schleimfische und Grundeln gehören ebenfalls zu den idealen Makromotiven. Die Technik, diese kleinen bis kleinsten Objekte abzulichten, ist einfach – das richtige Zubehör vorausgesetzt. Je nach Kamera werden dazu Vorsatzlinsen, Zwischenringe oder spezielle Makro-Objektive verwendet. In Verbindung mit einem TTL-Blitzgerät hat der Fotograf die Garantie, daß seine Bilder automatisch auch richtig belichtet sind.

In den Tropen und im Salzwasser muß die Unterwasser-Fotoausrüstung gut gepflegt werden. Nach dem Tauchen soll die Kamera nicht nur abgewaschen, sondern für etwa zehn Minuten in Süßwasser eingelegt werden. Nur so werden Sandpartikel und Salzkristalle

F – Die Klarheit des Wassers ist ein wichtiger Faktor für gute Bilder.

G, H – Nachts bevölkern bizarre Gestalten die Riffe:

Oben ein Großes Gorgonenhaupt (Astrophyton muricatum), *unten ein Büschel durchscheinender Organismen – wahrscheinlich Hydroidpolypen.*

G

H

von den Durchführungen und O-Ringen weggelöst. Um sicher zu sein, daß Kamera und Blitzgerät dicht sind, muß der O-Ring bei jedem Filmwechsel kontrolliert werden. Man befreit ihn von Rückständen, indem man ihn durch die Finger zieht. So können auch Beschädigungen lokalisiert werden. Die Nut des O-Ringes reinigt man mit einem Papiertaschentuch. Schwarze O-Ringe aus Neopren dürfen nur leicht gefettet werden. Orangefarbene O-Ringe aus Silikon wiederum dagegen benötigen sehr viel Fett, damit sie dichten.

Nach der Tauchreise sollte die Kameraausrüstung für 30 Minuten in ein Wasserbad gelegt werden, dem pro Liter ein Eßlöffel Essig beigefügt wurde. Diese Lösung entfernt sämtliche Salzkorrosionen an allen Metallteilen. Danach alles noch eine Stunde in Frischwasser spülen, gut trocknen, die O-Ringe fetten und gegebenenfalls für eine längere Lagerung entfernen, damit sie die Form behalten.

DIE BAHAMAS
von Kurt Amsler

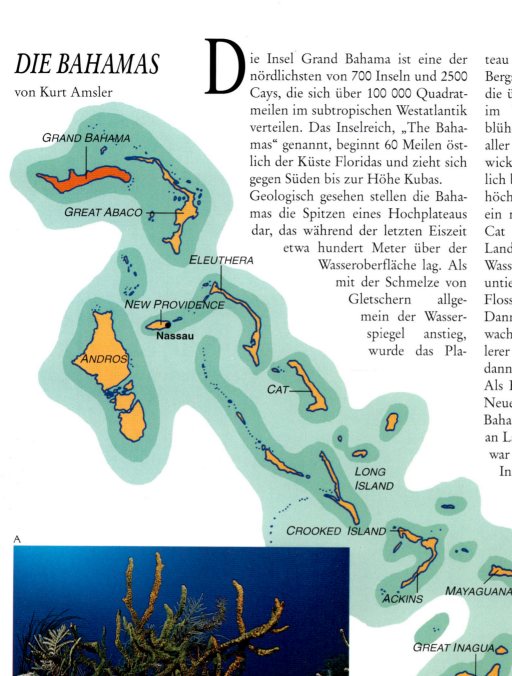

Die Insel Grand Bahama ist eine der nördlichsten von 700 Inseln und 2500 Cays, die sich über 100 000 Quadratmeilen im subtropischen Westatlantik verteilen. Das Inselreich, „The Bahamas" genannt, beginnt 60 Meilen östlich der Küste Floridas und zieht sich gegen Süden bis zur Höhe Kubas. Geologisch gesehen stellen die Bahamas die Spitzen eines Hochplateaus dar, das während der letzten Eiszeit etwa hundert Meter über der Wasseroberfläche lag. Als mit der Schmelze von Gletschern allgemein der Wasserspiegel anstieg, wurde das Plateau überflutet. Die überragenden Bergspitzen wurden zu Inseln, und die überfluteten Bereiche haben sich im Verlaufe der Jahrtausende zu blühenden, mit Korallen und Fischen aller Arten belebten Riffen entwickelt. Die Inseln sind landschaftlich betrachtet wenig interessant. Der höchste Punkt auf den Bahamas ist ein nur 65 Meter hoher Hügel auf Cat Island. Weitaus spektakulärere Landschaften eröffnen sich unter Wasser. In Küstennähe findet man untiefe Riffe, die auch mit Maske und Flossen betaucht werden können. Dann fällt der mit Hornkorallen bewachsene Grund über die Riffe mittlerer Tiefe zu den tiefen Riffen ab, die dann in Steilabfälle übergehen.

Als Kolumbus im Jahre 1492 in die Neue Welt segelte, setzte er auf den Bahamas seinen Fuß zum ersten Mal an Land. Der Spanier Ponce de León war dann der erste Europäer, der die Insel Grand Bahama erforschte. Wie generell auch an den andern Inseln hatten die Spanier aber weiter kein Interesse an diesem Eiland, weil es da, wie ihnen schien, wenig auszubeuten gab. Es waren dann die Engländer, die die Bahamas kolonialisierten. Für viele Jahre florierten auf Grand Bahama Piraterie, Fischerei und das Schwammtauchen – und während der Prohibition (Alkoholverbot) in den USA in den zwanziger Jahren dieses Jahrhunderts der Rumschmuggel. Das alles änderte sich Mitte der fünfziger Jahre, als amerikanische Finanziers eine historische Abmachung mit der englischen Krone tätigten, hier eine Tourismusindustrie zu entwickeln, wofür sie im Ausgleich mit enormen Steuererleichterungen bedacht wurden. Diese Abmachung wurde auch beibehalten, als die Bahamas im Jahre 1973 unabhängig wurden.

A – Dieser Schwamm ist verzweigt wie der Ast eines Baumes.

B – Das Blitzlicht hat die rote Färbung dieses Langstachel-Husars (Holocentrus rufus) zum Aufleuchten gebracht. Er steht vor einer buschförmigen Seerute mit sehr großen Polypen.

Tauchen auf Grand Bahama

Auch auf Grand Bahama unterscheidet man topographisch drei Riffzonen: Flachriffe (shallow reefs), Mittelriffe (medium reefs) und tiefe Riffe (deep reefs) bis zum Steilabfall, der hier „drop-off" oder „edge of the ledge" genannt wird. Auf Grand Bahama Island, das 70 Meilen lang und acht Meilen breit ist, zieht sich das Riff an der Südseite entlang. Nicht einmal eine Meile von der Küste entfernt fällt es steil in den tiefen Northwest Providence Channel ab. Auf der Ostseite (East End) dagegen bleibt der Meeresgrund flach, dort trennt die untiefe Little Bahama Bank die Insel von der Nachbarinsel Abaco. Die Bahama Bank ist in Taucherkreisen bekannt geworden, weil es dort möglich ist, mit wildlebenden Spinnerdelphinen zu tauchen.

Grand Bahama bietet ein großes Angebot von Tauchaktivitäten, verbunden mit einer perfekten Infrastruktur der Underwater Explorer Society. 57 permanente Bojen markieren die Tauchplätze, die wegen der Distanz von der Küste nur mit Schiffen angefahren werden können. Die meisten befinden sich zwischen Silver Point im Westen und Lucayan Waterways im Osten. Sie alle sind von der Tauchbasis UNEXSO aus in kurzen Bootsfahrten zwischen 15 und 60 Minuten zu erreichen. Ganztagestrips werden zu den weiter entfernt liegenden und wenig betauchten Abschnitten des Riffs, beispielsweise zum Deadman's Reef oder East End, angeboten. Verschiedene wassergefüllte Trichter (sinkholes) im Inselinneren ermöglichen den Einstieg in große, mit Stalaktiten behangenen Kavernen und lange Höhlenlabyrinthe. Eine spektakuläre Höhle ist Ben's Cave, benannt nach seinem Entdecker Ben Rose. Das Tauchen in diesem sinkhole ist aber nur beschränkt möglich und wird von UNEXSO aus organisiert.

Die Wassertemperatur fällt wegen des vorbeiziehenden Golfstromes nie unter 20 °C. In den Monaten Mai bis September beträgt sie sogar bis zu 28 Grad. Extrem starke Strömungen gibt es an den gängigen Tauchplätzen nicht, aber natürlich muß je nach Wind, Wellen und Gezeiten mit mittleren Stärken gerechnet werden. Sie sind aber problemlos zu meistern, weil die permanenten Bojen das Ab- und Auftauchen erleichtern.

Die Unterwasserwelt um Grand Bahama unterscheidet sich wenig von anderen Gebieten in der Karibik. Die Insel wartet aber mit zwei ganz speziellen Attraktionen auf, die ihresgleichen suchen. Es sind dies die Shark Junction und The Dolphin Experience. Auf Initiative von UNEXSO wurde das Tauchen mit karibischen Riffhaien und Großen Tümmlern ins Leben gerufen, was Taucher aus aller Welt veranlaßt, nach Grand Bahama zu kommen.

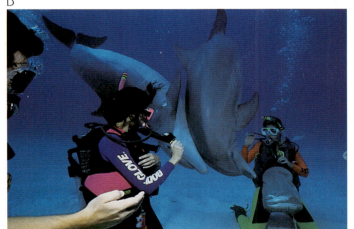

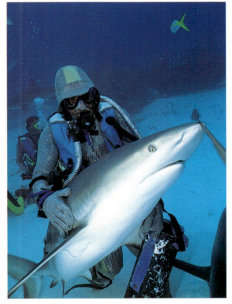

C – Diese Nahaufnahme zeigt das spezifische Farbmuster eines Schwarzen Zackenbarschs (Mycteroperca bonaci).

D – Vor Grand Bahama kann man den verspielten Delphinen in freier Wildbahn begegnen.

E – Die seltsame Wuchsform dieser Säulen-Koralle (Dendrogyra cylindrus) erinnert an die Skulptur eines modernen Künstlers.

F – Gefüttert wird am Tauchplatz Shark Junction nur durch einen Tauchguide, und dieser trägt zur Sicherheit einen Kettenanzug.

GRAND BAHAMA: SHARK JUNCTION

von Kurt Amsler

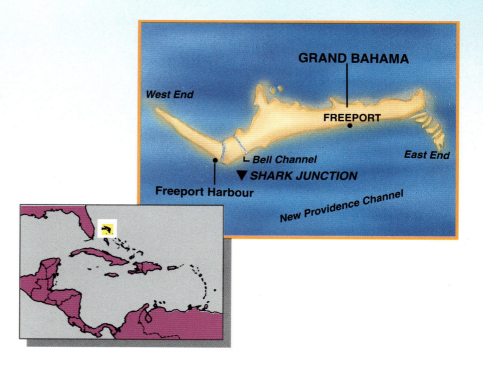

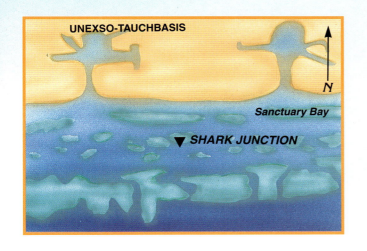
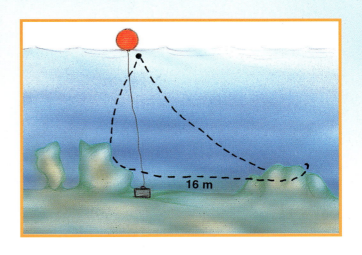

A – Die Begegnung mit den Haien von Shark Junction wird immer mit einem gründlichen Briefing im Schulungsraum des UNEXSO-Zentrums vorbereitet. Dabei werden die einzelnen Stationen besprochen.

B – Das „Hai-Karussell" beginnt, sobald die Taucher den Meeresgrund erreicht haben. Sicherheitstaucher halten Aufsicht.

Lage

Die Begegnung mit Haien gehört für den Taucher sicher zu den größten Erlebnissen. Das große Problem dabei ist aber, daß diese Tiere nicht aggressiv und blutrünstig sind, sondern im Gegenteil sehr scheu. Hier am Tauchplatz Shark Junction kann der Besucher zu einer Gruppe von bis zu 20 Karibischen Riffhaien hinabtauchen. Die fast hautnahe Begegnung findet dann auf einer kreisrunden Sandfläche statt, wo die Fische von einem Diveguide gefüttert werden. Der Platz liegt im Bereich des Mittelriffs, etwas über eine Meile vom Bell Channel entfernt. Er ist mit einer permanenten Boje markiert, die auch für Ab- und Aufstieg benutzt wird. Die Tiefe beträgt fünfzehn Meter. Neben der Hauptattraktion, den Haien, wird der Besucher viele andere Fische sehen. In den Korallenblöcken um die Sandflächen leben große Muränen. Große Amerikanische Stechrochen schwimmen oft mitten durch die Szenerie, und mindestens zehn große Nassau-Zackenbarsche sind ebenfalls Stammgäste.

C – Der Meeresgrund stellt eine Arena dar, wo sich Tier und Mensch begegnen und gegenseitig wohl mit derselben Mischung aus Neugier und Furcht betrachten können.

D – Obwohl die Karibischen Riffhaie (Carcharhinus perezi) sehr wendig sind, stoßen sie in ihrer Gier, den Köder zu erhaschen, häufig zusammen.

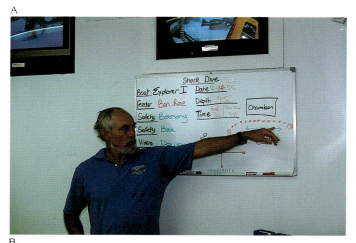

A

D

B

C

Der Tauchgang

Die Fahrt zum Tauchplatz dauert nur etwa 30 Minuten. Die 20 Makrelen, die als Köderfische verwendet werden, sind schon am Kai in einem speziellen Container verstaut worden. Der fütternde Diveguide, der „feeder", zieht sich jetzt einen sogenannten „chainmail suit" über. Dieser Anzug aus rostfreien Stahlringen erinnert an das Kettenhemd der Raubritter im Mittelalter. Neben Ben Rose, der heute als „feeder" agiert, sind noch zwei Sicherheitstaucher und der Video-Kameramann im Wasser. Sobald das Tauchboot festgemacht ist, beginnt der Abstieg entlang der Bojenleine. Von den Sicherheitstauchern wird die Gruppe auf die Sandfläche geleitet. Dort ist eine ausgediente Dekompressionskammer plaziert worden, vor der sich die Taucher im Halbkreis auf den Sand knien. Bereits beim Anschwimmen auf die Sandfläche sind etliche Haie erschienen

E – Wenn der Hai zuletzt blitzschnell zum Köder vorstößt, könnte er aus Versehen den „feeder" verletzen. Deshalb trägt dieser einen Kettenanzug.

F – Viele andere Fische erscheinen auch auf der Szene, um die Reste des Köders zu erbeuten. Hier sind es Gelbschwanz-Schnapper (Ocyurus chrysurus).

G – Einige große Weibchen sind so mit den Tauchern vertraut, daß sie sich auch umfassen und streicheln lassen.

H – Am Ende der Show verstreuen sich die Haie wieder, bleiben aber stets im weiteren Umkreis des Fütterplatzes.

und drehen nun ihre Runden. Jetzt, wo die Gruppe in Warteposition ist, nähern sich einige der Tiere schon bis auf wenige Meter. Sie schwimmen ruhig vor den Tauchern auf und ab und über sie hinweg. Es sind ausschließlich Weibchen mit etwa 1,5 bis 2,5 Meter Länge. Und plötzlich beginnt sich der Platz zusehends auch mit anderen Meeresbewohner zu beleben. Von allen Seiten schwimmen Nassau-Zackenbarsche heran, zwei Amerikanische Stechrochen legen sich direkt vor mir in den Sand, und im freien Wasser wimmelt es plötzlich von Gelbschwanz-Schnappern. Wie auf Kommando schwimmen jetzt plötzlich alle Fische in ein und dieselbe Richtung. Das hat seinen triftigen Grund, denn dort taucht jetzt Ben mit seinem Futtercontainer auf. Er hat die Flossen ausgezogen und bewegt sich wegen des Gewichts des Panzeranzugs wie ein Helmtaucher auf dem Sand. Hinter ihm folgt eine ganze Horde von Haien. Es sind mindestens 16 große Karibische Riffhaie, die er sozusagen in die Arena führt. Nur zwei Meter vor den gebannten, zum Teil sichtlich auch nervösen Tauchern holt er einen ersten Fisch aus dem Container. Jetzt kommt Leben in das Rudel. Die Kreise um den „feeder" werden enger und enger, doch ist den Haien keine Hektik anzumerken, und ihre Bewegungen sind absolut ruhig und kontrolliert. Ben hält den Köder dem Hai unter die Nase, der für die Zuschauer die beste Position hat. Das Zubeißen dauert nur Bruchteile von Sekunden, und man muß genau aufpassen, um zu sehen, wie der Hai die Nase hochklappt, den Kiefer vorschiebt, die Augen mit der Nickhaut verschließt und zufaßt. Das alles ereignet sich nur etwa zwei Meter vor den Besuchern, wobei der „feeder" die ganze Reihe abschreitet, damit wirklich jeder alles genau sehen oder fotografieren kann. Für diejenigen, die keine Foto- oder Videokamera dabeihaben, ist einer der UNEXSO-Filmer in Aktion. Der Tauchgang wird gefilmt, damit jeder Teilnehmer zur Erinnerung eine Kopie kaufen kann.

Die Show dauert nun schon 20 Minuten, und wie mir scheint, sind noch mehr Haie dazugekommen. Weil sich der Schwarm aber ständig bewegt, ist eine genaue Bestandsaufnahme nicht möglich. Als ob die Haie merkten, daß der Futtervorrat zu Ende geht, umdrängen die Tiere den „feeder" enger und enger. Vor lauter dicken, muskulösen, grauglänzenden Leibern ist Ben fast nicht mehr zu sehen. Die Art und Weise, wie er die Situation im Griff hat, ist beeindruckend. Einige über zwei Meter lange Weibchen lassen sich von ihm sogar in den Arm nehmen und legen sich vor ihm in den Sand, so daß er sie streicheln kann. Mit dem letzten Köder in der Hand tritt Ben jetzt den Rückweg an und lockt die ganze Haischar wieder aus der Arena.

Zu dieser Schilderung der Haifütterung scheint mir eine Nachbemerkung angebracht: Haifütterungen haben einen tieferen Sinn, als viele Taucher annehmen. Der Grund, daß widerspruchslos mehr als hundert Millionen Haie pro Jahr getötet werden können, beruht wohl auf dem schlechten Ruf dieser Tiere als eines menschenfeindlichen Räubers. Deshalb kümmert sich niemand um das Schicksal der Haie, die in manchen Arten bald vom Aussterben bedroht sind. Durch Haishows, wie sie hier auf Grand Bahama, aber auch an vielen anderen Plätzen geboten werden, verliert der Taucher diese Angst. Alle Menschen, die einmal Haie und ihr Verhalten hautnah erleben konnten, werden sich zukünftig auch für diese Tiere einsetzen – und vor allem andere davon überzeugen: Haie sind keine Bestien. Sie brauchen wie viele andere Tierfamilien den Schutz des Menschen und dürfen nicht ausgerottet werden!

E

F

G

H

GRAND BAHAMA: THEO'S WRECK

von Kurt Amsler

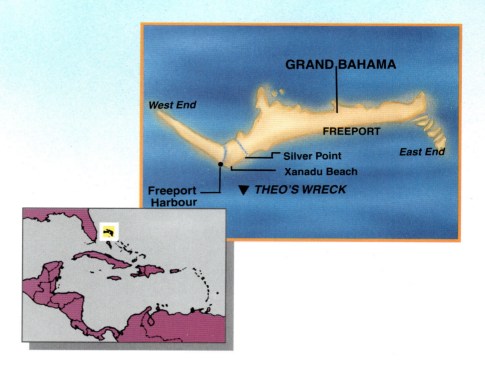

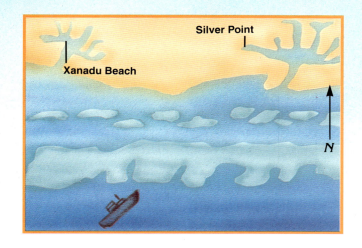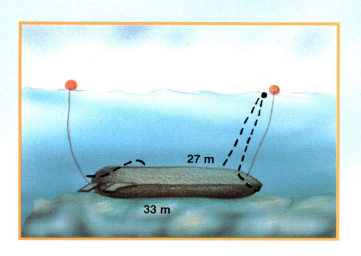

Lage

Dieser Tauchplatz befindet sich westlich des Bell Channel, ziemlich genau zwischen Silver Point und Xanadu Beach, etwa 1,5 Meilen vor der Küste. Das Wrack ist 70 Meter lang und liegt auf der Backbordseite in 33 Meter Tiefe kurz vor dem Dropoff. Das Steuer mit dem Propeller ragte ursprünglich sogar über die Kante des Abgrundes hinaus, bis der Hurrikan Andrew das Wrack wieder um einige Meter landwärts schob. Der Meeresgrund um das Wrack herum ist flach und sandig, mit vereinzelten niederen Korallenblöcken. Zwei permanente Bojen, eine am Bug und eine heckseitig befestigt, markieren das Schiff. Je nach Wetter, Wellen oder Gezeiten muß an Theo's Wrack mit Strömungen gerechnet werden. Dank der Bojen ist aber das Ab- und Auftauchen auch dann möglich.

A – Der Bug des Wracks mit der herabhängenden Ankerkette liegt etwa 30 Meter tief. Man hat den Eindruck, daß der Aufprall am Boden sanft war.

B – Alle Maschinen auf dem Deck sind noch am Platz, aber inzwischen durch Inkrustationen überwachsen.

C – Die Sicht ist so gut, daß man das ganze Schiff überblicken kann. Der Taucher vermittelt einen Eindruck von den Dimensionen des Schiffes.

D – Theo's Wrack gehört zu den beliebtesten Tauchplätzen der Bahamas.

Die Geschichte der M/S „Logna"

1954 in Bergen (Norwegen) gebaut, wurde dieses Schiff auf den Namen M/S „Logna" getauft. Bis er 1969 von der Bahama Cement Company gekauft wurde, transportierte der Frachter unterschiedliche Güter von Norwegen nach Spanien. Hier auf den Bahamas befuhr das Schiff Routen von Grand Bahama nach Eleuthera bis New Providence (Nassau). Um in Lloyd's Schiffsregister bestehen zu können, wären im Jahre 1981 Renovierungen für beinahe eine Million Dollar notwendig gewesen. Da eine Amortisation dieser Summe nicht möglich erschien, wurde das Schiff außer Betrieb gesetzt und schlummerte am Dock der Bahama Cement Company dahin. Als die Direktion den Entschluß faßte, die „Logna" im tiefen internationalen Wasser zu versenken, schlug Ingenieur Theopolis Galanoupoulos vor, das Schiff als Attraktion für Taucher im seichten Wasser auf Grund zu setzen. Mit Unterstützung von UNEXSO wurden die notwendigen Bewilligungen beschafft und das Schiff von Spezialisten zum Versenken vorbereitet. Am Samstag, dem 16. Oktober 1982, war es soweit. Die M/S „Logna" wurde an den dafür vorgesehenen Platz geschleppt und die Ventile der Ballasttanks geöffnet.

Niemand aber hatte erwartet, daß die Rohre derart mit Entenmuscheln verwachsen sein könnten, daß das Fluten sehr lange Zeit in Anspruch nahm. Ganze vier Stunden dauerte es bis zum Untergang. Während dieser langen Zeit ging das Schiff fast verloren, weil ein aufkommender Wind den Frachter gefährlich nahe an das Dropoff herantrieb. Die Situation war brisant, doch versank die „Logna" noch rechtzeitig. Wie die ersten Taucher dann feststellten, kam das Wrack noch auf dem Riff zum Liegen, das Heck aber ragt bereits über „the edge of the ledge" hinaus. Von nun an wurde es „Theo's Wreck" genannt.

Der Tauchgang

Das Tauchboot ist an der bugseitigen Boje vertäut. Ein Blick über die Reling zeigt ein wenig Strömung, und die blaue Farbe des Wassers verspricht gute Sicht. Auch bei diesem Tauchgang ist das Briefing ein wichtiger Teil und wird von den Divemastern sehr genau durchgeführt. Der Abstieg erfolgt an einer Führungsleine, die von der Plattform am Boot zur Markierungsboje und von da hinunter zum Wrack führt. Die Sicht ist wirklich ausgezeichnet. Schon von der Oberfläche her sieht man klar die Umrisse des 70 Meter langen Schiffes, und über der Steuerbordreling kann man schon einen großen Schwarm von Stachelmakrelen und etliche Barrakudas erkennen.

Wir beginnen die Erkundung beim Bug, von dem die Ankerkette herunterhängt. Wunderschöne Gorgonien wachsen daran, und im Lichte der Scheinwerfer unseres Kameramanns, der für die Teilnehmer filmt, leuchten die Korallen in den herrlichsten Farben. Die Tiefe hier am Bug beträgt genau 33 Meter. Die Route geht entlang dem Vorderdeck bis zum ersten Laderaum. Ein großer Schwarm von Grunzerfischen versperrt fast den Weg, doch scheinen den Tieren die heranschwimmenden Taucher nicht geheuer, und sie verschwinden im Inneren des Schiffes.

In den großen Laderäumen lohnt sich auf jeden Fall der Einsatz einer Lampe, weil sich in den Nischen und Spalten viel Getier angesiedelt hat. Stammgäste im Wrack sind – außer in den Sommermonaten – zwei riesige Grüne Muränen. Der Schwarm Grunzerfische, der wie wegweisend vor uns her geschwommen ist, gibt nun den Weg ins offene Wasser frei, und wir sehen die Aufbauten. Hier ist allerhand los. In allen Verstrebungen, Schächten und Lüftungsrohren stehen Fische, und um Brücke und Kamin, die wegen der Lage des Wracks nicht gegen den Himmel, sondern waagrecht stehen, zieht immer noch der Schwarm Makrelen.

Es ist wirklich erstaunlich, wie be-

wachsen das Schiff nach den wenigen Jahren unter Wasser bereits ist. Am schönsten präsentieren sich die Winschen auf dem Hinterdeck. Natürlich wollen wir auch die Schraube und das Steuerruder erkunden. Jetzt, wo wir vom Achterdeck über die Steuerbordreling schwimmen, spüren wir die Strömung, vor der wir auf der anderen Seite und im Inneren geschützt waren. Sie ist aber problemlos zu meistern. Das Steuerruder ist auf seiner Unterseite wunderschön mit orangefarbenen Krustenkorallen überwachsen, so auch die großen geschwungenen Blätter der Schraube. Wo der Rumpf sich im Sandgrund verliert,

entdecke ich eine ganze Reihe großer Langusten, und wenige Meter weiter südlich sehe ich auch die scharfe Kante des Dropoffs. Seine Nähe ist auch der Grund dafür, daß an diesem Wrack sehr oft pelagische Fische wie Haie, Adlerrochen und Barrakudas gesehen werden. Nur einige Tage vor meiner Ankunft in Grand Bahama hatten Taucher hier eine fünfzehnminütige Begegnung mit einer Schule von Spinnerdelphinen!

Den Weg zum Bug zurück schwimmen wir natürlich wieder im Strömungsschatten der Deckseite. So können wir noch einmal in Ruhe die Eindrücke von Theo's Wrack in uns aufnehmen.

E – Die riesigen Laderäume sind zur Wohnstatt für viele verschiedene Fische geworden.

F – Von nahem angeblitzt, leuchten die bunten Farben der Inkrustationen auf.

G – Auch wenn sie dick überkrustet sind, kann man doch an den Winschen noch viele Einzelheiten erkennen.

H – Die riesigen Schraubenblätter stellen die tiefste Stelle des Wracks dar. Nur wenig weiter fällt das Dropoff in die Tiefsee ab.

GRAND BAHAMA: THE DOLPHIN EXPERIENCE

von Kurt Amsler

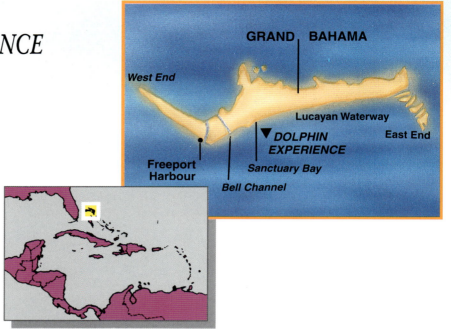

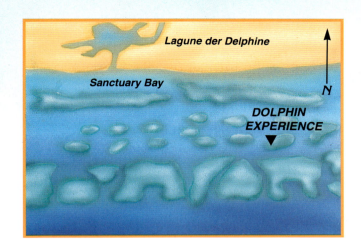
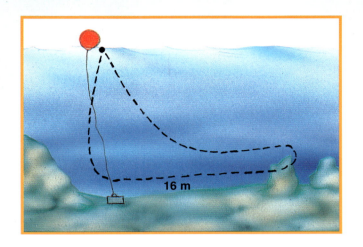

0 m

16 m

Lage

Nur wenige andere Eindrücke unter Wasser übertreffen den Anblick von Schönheit, Grazie und Kraft der Delphine. Das sind seltene Begegnungen in der Wildnis des Meeres. Auf Grand Bahama haben Taucher seit einiger Zeit die Möglichkeit, mit Delphinen zu tauchen, die ihnen sogar ins offene Meer folgen. Die Idee für dieses Projekt kam von Mike Schulz. Er konnte die Arbeit mit gefangenen Tieren nicht mehr mit seinem Gewissen vereinbaren und suchte nach Möglichkeiten, ihnen ein artgerechtes Umfeld zu geben. Die Delphine leben jetzt in einer Lagune der Sanctuary Bay östlich der Lucayan Marina auf Grand Bahama. Hier haben sie geschütztes, ruhiges und tiefes Wasser. Die Tiere, die aus Delphinarien kamen, wurden für das neue Leben im Meer und ihre Ausflüge zu den Riffen über viele Monate trainiert. Die Gruppe besteht in der Regel aus sechs Tieren der Gattung Atlantischer Großer Tümmler.

Für die Begegnung der Taucher mit den Meeressäugern wurde eine Stelle am Medium Reef ausgewählt. In etwa fünfzehn Meter Tiefe stehen hier große Korallenblöcke auf einer nahezu flachen Sandfläche. Dank der geringen Tiefe und der reflektierenden Sandfläche bietet dieser Platz die besten Voraussetzungen. Vor allem die Fotografen und Filmer können davon profitieren.

Natürlich kennen die intelligenten Tiere den Platz genau und schwimmen oft ohne Begleitung des Bootes hin und wieder nach Hause zurück. Das Tauchschiff startet an der UNEXSO-Basis, wo dann während der Fahrt zur Sanctuary Bay das Briefing durchgeführt wird. Es ist enorm wichtig, daß alle Teilnehmer wissen, wie man sich gegenüber den Meeressäugern verhält, aber auch die verschiedenen Handzeichen kennen, auf die die Delphine reagieren. Von der Sanctuary Bay aus folgen die Tiere dem sogenannten Delphinboot sowie dem Tauchboot ins offene Meer hinaus. Aber nicht immer kommen alle

A – Dieses Foto zeigt die UNEXSO-Tauchbasis, von wo aus man zur Begegnung mit den Delphinen startet.

B – Während der Ausfahrt zur Sanctuary Bay begleiten die Delphine das Boot und vollführen ihre Kunststücke.

C – Während sich die Taucher auf dem Boot noch vorbereiten, warten die Delphine bereits ungeduldig auf ihre „Spielkameraden".

D – Wenn sie zu Kontakten bereit sind, beobachten die Delphine die Handzeichen der Taucher. Sie führen aber nur Befehle aus, die perfekt gegeben werden.

E – Wenn man langsam und zart mit ihnen umgeht, lassen sich die Delphine auch streicheln.

F – Die Delphine bewegen sich völlig frei, und es ist ihnen überlassen, ob sie mit den Tauchern spielen wollen oder nicht.

G – Für jeden Taucher ist es eine unvergeßliche Erfahrung, in so engen Kontakt mit diesen Meeressäugetieren zu kommen.

H – Zum Abschluß der Begegnung werden die Delphine gefüttert. Das verstärkt den Kontakt zwischen ihnen und dem Trainer und trägt sicher dazu bei, daß die Tiere freiwillig das Spiel mitmachen.

gezogen werden, sie füttern oder Ringe hin und her apportieren lassen. Wichtig ist nur, daß der Taucher die vorher erklärten Handzeichen noch weiß, sonst werden seine Gesten von den Tieren nicht beachtet. Da sich die Meeressäuger bei der Arbeit ruhig bewegen, können die Fotografen und Filmer gute Aufnahmen machen. Vor allem, wenn sie zum Atmen an die Oberfläche schwimmen, können schöne Silhouetten geschossen werden. Beeindruckend sind alles im allem weniger die Spielereien, die der Taucher mit den Delphinen treiben kann, vielmehr ist es das Erlebnis, einmal mit diesen Meeressäugern durch die Unterwasserwelt zu schwimmen und sie aus nächster Nähe zu beobachten.

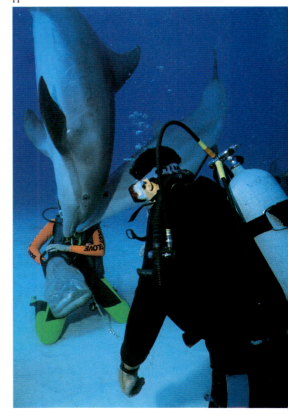

Delphine mit! Ihrem freien Willen wird Rechnung getragen, und es wird gegenüber ihrem Verhalten kein Zwang ausgeübt, wie das in Delphinarien der Fall ist. Dort wird nämlich nach der Regel gearbeitet: keine Arbeit – kein Futter. Das wird den Besuchern auch ganz klar unterbreitet. Auch ist die Zeit unbestimmt, wie lange die Delphine bei den Tauchern verweilen. Schwimmt zufällig etwas Interessanteres vorbei, kann ihr Interesse an den Blasen produzierenden Menschen schnell verloren sein. Einige Male traf die Gruppe sogar mit anderen Delphinen ihrer Gattung zusammen. Man kann sich leicht vorstellen, was da los war! Die letzten der Tiere kehrten erst drei Tage später wieder nach Hause in die Sanctuary Bay zurück.

Der Tauchgang

Bei der Fahrt zum Delphin-Riff sollte man auch eine Überwasserkamera mit einem kurzen Teleobjektiv bereithalten. Die Delphine, die dem Speedboot folgen, springen spielerisch weit über die Bugwellen. Leicht kann man sich den Punkt des Absprungs errechnen, und es ist unproblematisch, gute Delphinbilder zu schießen.

Am Platz angekommen, taucht die Teilnehmergruppe auf die fünfzehn Meter tief liegende Sandfläche hinab und verteilt sich kreisförmig. Sogleich sind vier Delphine da. In Höchstgeschwindigkeit umkreisen sie uns, jagen zur Oberfläche hinauf, um sogleich kopfüber in die Tiefe zu stechen. Es scheint, als wollten sie den Besuchern eine Kostprobe ihrer Kraft und ihres Könnens geben. Es ist beeindruckend zu sehen, wie diese kräftigen, hydrodynamischen Körper wie Pfeile durch das blaue Wasser schießen. Hier können sie sich ausleben!

Jetzt aber, wo der Delphintrainer mit seinem Futtersack in die Tiefe schwimmt, kommt Ruhe in den „Verein". Die Tiere wissen offensichtlich, daß jetzt auch etwas für die Gäste getan werden muß. Je nach Programm, das regelmäßig geändert wird, können die Taucher von den Delphinen

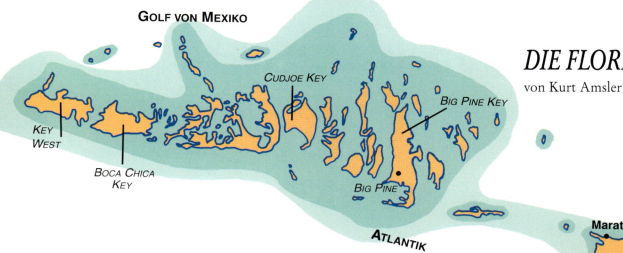

DIE FLORIDA KEYS
von Kurt Amsler

Eigentlich war es die Langeweile von Juan Ponce de León, Gouverneur von San Juan, der die Spanier die Entdeckung Floridas verdankten. Das leichte Leben in der Kolonie war diesem Mann sehr zuwider. Deshalb beschloß er, seinen Posten abzugeben und Entdecker zu werden. Er unterschrieb im Jahre 1512 einen Vertrag mit der Spanischen Krone, der ihm erlaubte, neue Länder zu erforschen und zu kolonialisieren. Legenden der Indianer berichteten von „langen Ufern" nordwestlich der Bahamas. 1513 segelte de León von den Bahamas los. Wie lange er auf See war, weiß man nicht – aber jedenfalls erreichte er jene „langen Ufer". Die Stelle, an der er seinen Fuß an Land setzte, lag auf der Höhe des heutigen Cap Canaveral. Es war genau Osterzeit, zu der in Spanien das Festival der Blumen - „Flores" genannt – gefeiert wird. Also nannte er das soeben entdeckte Land „La Florida"!

Es gibt Kritiker, die Christoph Kolumbus oder auch andere Seefahrer als Entdecker Floridas betrachten. Wie es auch gewesen sein mag: Fest steht, daß de León anschließend der Küste und den Keys entlang nach Süden segelte. Unheimliche Dinge müssen während dieser Fahrt passiert sein, denn seine Mannschaft nannte die lange, schmale Kette der Florida Keys „Los Martires", was soviel wie Schrecken oder Zittern bedeutet. Ob wohl ihre Schwarzmalerei einen Fluch prägte? Tatsache ist, daß in dieser Gegend viele Schiffe, darunter auch die berühmte spanische Silberflotte „Tierra Firma", im Hurrikan an den Riffen zerschellten. Heute noch wird nach den Schätzen gesucht...

Die Florida Keys sind ein Archipel von über 2000 Inseln und stellen eine bogenförmigen Verlängerung des Festlands von Florida dar. Sie verlaufen über eine Länge von 115 Meilen (212 Kilometer) von Nordosten nach Südwesten. Die subtropische Vegetation und das milde Klima sind darauf zurückzuführen, daß die Inselkette entlang der Florida Bank liegt, die das warme Wasser des Golfstroms kanalisiert.

Von den insgesamt 200 Inseln sind 34 durch insgesamt 42 Brücken verbunden, über die der berühmte US-Highway Nummer 1 verläuft. Diese 115 Meilen lange Straße ist durch sogenannte „mile-marker" markiert, eine äußerst wichtige Einrichtung, wenn man sich in den Keys zurechtfinden will. Das Zentrum von Key Largo liegt bei Mile-Marker Nummer 100!

Tauchen in den Keys

Wenn wir die Topographie des Meeresbodens hier mit den Bahamas vergleichen, fällt auf, daß die eigentlichen Riffe sehr weit von der Küste entfernt liegen. Die Florida Bank hat eine durchschnittliche Breite von vier bis sechs Meilen und wird in verschiedene Bereiche aufgeteilt. Die Küstenregion besteht aus Mangroven und Seegras. Diese ausgedehnten, untiefen Gebiete sind ökologisch sehr wichtig, bilden sie doch das Brutgebiet vieler Meeresbewohner. Auch verbringen die Jungfische die erste Zeit ihres Lebens in diesen Untiefen. Das davor

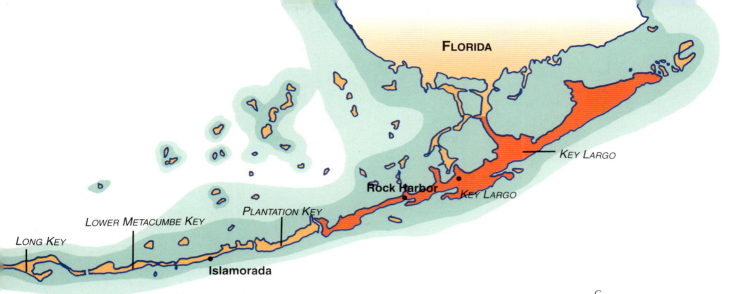

gelegene Mittelkanal-Riff setzt sich aus einzelnen Korallenblöcken zusammen, die oft von Seegrasfeldern umgeben sind. Der Meeresgrund ist hier etwas tiefer, im Durchschnitt aber auch nur drei bis fünf Meter. Der darauf folgende Offshore-Riffbereich weist ebenfalls eine Ansammlung von Korallenblöcken auf, die aber bis fast zur Oberfläche wachsen. Auf diesem Teil des Riffs stehen viele Seezeichen und Leuchttürme, die vor den Untiefen warnen sollen. An diesem Gebiet der Florida Bank beginnt das interessante Tauchgebiet mit klarem Wasser. Nun fällt der Meeresboden langsam zum tiefen Riff hin ab, und die Korallen bilden Schluchten, Höhlen und lange, fingerartige Zungen, die sich weit in den Sandgrund hinaus erstrecken. Wo der Korallengürtel in die weite Sandfläche des offenen Meeres übergeht, beträgt die Tiefe etwa 17 bis 20 Meter.

Da das Tauchen direkt entlang der Küste wegen der großen Entfernungen zum Riff unmöglich ist, finden alle Tauchaktivitäten von Tauchbooten aus statt. Diese können privat angemietet werden, oder aber man unternimmt den Trip bei einer der vielen Tauchbasen. Wie üblich in der Karibik muß sich der Taucher mit einem Ausbildungsnachweis, dem Brevet, ausweisen. Alle Tauchschiffe in den Keys sind speziell für diese Aktivität ausgerüstet und von der Küstenwache geprüft. Der Betrieb wird allgemein absolut professionell geführt. Sicherheit an Bord wird groß geschrieben, und alle nötigen Hilfsgeräte sind griffbereit. Jeder Tauchplatz wird ausführlich erklärt, und die Gäste können in Teams selbständig tauchen.

Die Fauna und Flora entlang der Florida Keys sind typisch karibisch. Der Taucher findet hier alle Korallenarten und eine Vielfalt von Fischarten. Auch wird er über die Anzahl der Fische erstaunt sein. Das hat natürlich seinen Grund: Das gesamte Gebiet um Key Largo ist Naturschutzgebiet (Marine Sanctuary). Der Pennecamp Coral Reef State Park, gegründet im Jahre 1960, war der erste Unterwasser-Schutzpark in den Vereinigten Staa-

A – Die Riffe von Key Largo müssen mit dem Tauchboot angefahren werden. Gewöhnlich werden bei einer Ausfahrt kurz hintereinander zwei Tauchgänge unternommen („two tank trips").

B – Die Lampe des Tauchers läßt die reiche Fauna dieser Riffe aufleuchten: Gorgonien, Schwämme und Steinkorallen.

C – Ein Nassau-Zackenbarsch (Epinephelus striatus) schaut neugierig zwischen den Zweigen einer Seefeder hervor.

D – Ebenfalls neugierig sind meistens die eleganten Grauen Kaiserfische (Pomacanthus arcuatus).

ten. Er ist benannt nach John D. Pennekamp, einem Redakteur der Zeitung „Miami Herald", der sich vehement für den Schutz der Korallenriffe und der Natur einsetzte. Im Jahre 1990 wurden weitere 2600 Quadratmeilen Korallenriff unter Schutz gestellt. Auch hier war der Schutz der Natur vor Umweltschäden ausschlaggebend. In diesem riesigen Schutzgebiet, das insgesamt 39 Kilometer lang und 15 breit ist, 5,5 Kilometer auf das offene Meer und bis in 90 Meter Tiefe reicht, herrschen strenge Schutzregeln.

KEY LARGO: WRACK DER „DUANE"
von Kurt Amsler

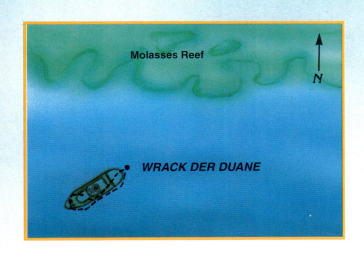
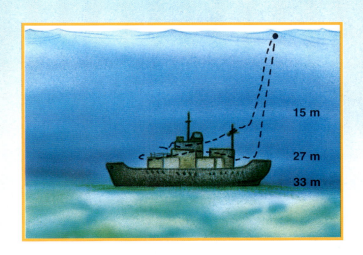

Lage

Dieses Wrack liegt auf einer weiten Sandfläche mit verstreuten kleinen Korallenstöcken ringsum. Die Wrackstelle liegt 1,8 Kilometer vor dem südlichen Teil des Molasses Reef und ist 33 Meter tief. Eine große, gelbe Markierungsboje zeigt die Position an. Für die Tauchboote sind zwei weitere Festlegebojen vorhanden, die aber unter der Oberfläche liegen. Nicht etwa ein Unglück führte zum Untergang der „Duane", sondern dieses Schiff wurde am 28. November 1987 versenkt, um eine Attraktion für die Taucher zu schaffen.

serbomben wurde es zum Auftauchen gezwungen und dann mit Deckgeschützen versenkt. Die „Duane" rettete 20 Überlebende und übergab sie den britischen Streitkräften.

Als Flaggschiff im Mittelmeer dienend, bewies die Mannschaft erneut Heldenhaftigkeit, indem sie 250 Überlebende beim tragischen Untergang des Truppentransporters „Dorchester" rettete. Und am 15. August 1944 nahm die „Duane" an der Invasion der Alliierten in Südfrankreich teil.

Nach dem Krieg wurde die „Duane" erneut umgebaut und im Atlantik als Flugzeug-Navigationsstation eingesetzt. Hier wurde sie zum Schutzengel des finnischen Frachters „Bornholm". Dieses Schiff sank am 4. Mai 1957 auf hoher See, wobei alle 27 Mann Besatzung von der „Duane" gerettet werden konnten.

Im Dezember 1967 wurde das Schiff bei der Coast Guard Squadron III eingegliedert und fuhr Einsätze vor der Küste Südvietnams, wo es wieder in verschiedene Kampfhandlungen verwickelt wurde. Dann wurde es ruhig um die „Duane", die schließlich sozusagen ein marines Ehrengrab erhielt. Heute leben die Heldentaten der „Duane" in der Erinnerung der Taucher weiter, die sie besuchen.

A

Der Tauchgang

Obwohl die See ziemlich bewegt ist, kann man die große gelbe Boje, die die Wrackstelle markiert, schon von weitem erkennen. Um die Gäste an Bord nicht lange zu strapazieren, hat Im, unser Divemaster, das Briefing bereits bei der Anfahrt über die ruhige Florida Bank erledigt. Jetzt, da die „Ocean Diver II" vertäut ist, können wir uns fertig ausrüsten.

Ein von der Plattform gespanntes Tau erleichtert den Tauchern den Weg zur Boje und von da aus in die Tiefe. Wie bei fast allen Wracks in der Karibik

Die Geschichte der „Duane"

Benannt nach dem amerikanischen Schatzmeister William J. Duane, wurde das Schiff 1936 als Küstenwachtschiff in Dienst gestellt. Von ihrem Heimathafen in Oakland/Kalifornien aus unternahm das Schiff routinemäßig Fahrten zur Küste Alaskas. Aufregender wurde es für Schiff und Mannschaft, als die „Duane" 1939 in Kriegsdienste gestellt wurde. Schon auf der ersten Patrouillenfahrt im Nordatlantik rettete sie die Mannschaft eines torpedierten britischen Dampfers. Als die USA aktiv in den Zweiten Weltkrieg eintraten, erhielt die „Duane" eine angemessene Bewaffnung und attackierte im April 1943 ein deutsches U-Boot. Mit Was-

B

C

ziehen auch hier etliche große Barrakudas ihre Kreise um die Bojenleine. Langsam tauchen die Umrisse der „Duane" aus dem diffusen Blau auf. Wir landen auf dem Hinterdeck.
Der erste Eindruck: Das Schiff ist riesig! Mir wird gleich klar, daß für eine genaue Erkundung mehrere Tauchgänge notwendig sind. Trotz der wenigen Jahre auf dem Meeresgrund ist das Wrack schon stark bewachsen. Die ersten Aufbauten vor uns sind voller großer Gorgonien. Im Licht der Taucherlampe leuchten sie dunkelrot auf. Über den Aufbauten erhebt sich ein hohes Gerüst mit dem Krähenkorb an der Spitze. Auch um diese Konstruktion schwimmen Barrakudas, außerdem eine Gruppe Stachelmakrelen. Im Gegenlicht ergibt das ein imposantes Motiv.
Entlang der Reling des Wracks, im Strömungsschatten, gelangen wir mittschiffs und schwimmen wieder zu den Aufbauten hoch. Hier auf der Brücke, hoch über dem Deck, bietet sich ein spektakulärer Ausblick. Auf beiden Seiten fällt die Bordwand senkrecht ab, ebenfalls bereits stark mit Hornkorallen besetzt. Große Papageifische knabbern Futter von der Bordwand, und ein Schwarm Streifen-Doktorfische untersucht emsig den Rundgang vor der Kommandobrücke. Direkt unter mir, wo einige Eisenplatten geborsten sind, gucken zwei große Augen hoch. Sie gehören einem Marmor-Zackenbarsch, der sicher beinahe einen Meter lang ist. An dieser Stelle könnte der Taucher stundenlang verweilen.
Ein Blick auf Tauchcomputer und Finimeter zeigt aber unmißverständlich an, daß die geplante Tauchzeit bald zu Ende geht. Die Kommandobrücke wollen wir aber noch erkunden, bevor der Weg zurück zur Boje eingeschlagen wird.
Um das Tauchen auf der „Duane" gefahrlos zu gestalten, wurde sie vor dem Versenken für ihre zukünftige Rolle präpariert. Alles, was die Umwelt schädigen oder beeinflussen könnte, wurde entfernt. Es gibt keine Drahtseile oder Kabel, in denen sich Taucher verheddern könnten, und

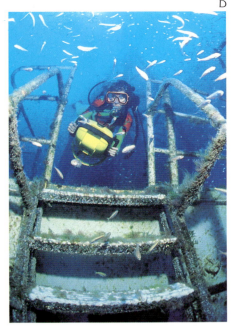

A – Dank der Klarheit des Wassers kann man beim Abstieg die „Duane" bald erkennen. Das Schiff ist aber zu groß, um es vollständig auf ein Bild zu bekommen. Dieses Foto zeigt die „Duane" noch ohne Bewuchs kurz nach der Versenkung.

B – Die riesige Schraube der „Duane" liegt in 33 Meter Tiefe. Der Tauchgang zu ihr muß also speziell geplant werden.

C – Die Brückenaufbauten der „Duane" sind bereits vollständig mit farbenprächtigen Organismen bewachsen.

D – Alle wesentlichen Bauteile – hier ein Brückenaufgang – sind vollständig erhalten.

E – Das Innere der Brücke hat sich in ein Aquarium verwandelt. Grunzerschwärme und andere Fische können durch Fenster- und Türöffnungen frei ein und aus schwimmen.

bei allen Zugängen ins Schiff wie auch im Inneren wurden die Türen weggeschweißt. Auch jetzt auf der Kommandobrücke schwimmen wir durch die offene Türöffnung ins Innere. Vom ehemaligen Instrumentarium ist natürlich nichts mehr vorhanden. Das ist aber auch nicht nötig, weil der Bewuchs und die Lebewesen weitaus interessanter sind.
Nur ungern, wie es schien, hat ein großer Schwarm von Schnappern uns den Weg freigegeben und schwimmt jetzt vor uns durch den Raum. Durch die runden Fenster dringt diffuses Licht ein und erzeugt eine mystische Dämmerung, in der die Strahlen der Lampen die herrlichsten Farben von Wänden und Decke zurückwerfen.
Wie erwähnt, sollte man an diesem Wrack unbedingt mehrmals tauchen, da das Vorderdeck nicht minder interessant ist. Auch lohnt sich ein Abstieg zur Schiffsschraube, was aber eine spezielle Planung erfordert, da die Tiefe 33 Meter beträgt. Am Deck sind es nur 27 Meter, bei den Aufbauten noch weniger.
Wie der Bewuchs an der „Duane" beweist, herrscht an der Wrackstelle oft Strömung. Trotzdem sind Tauchgänge gut möglich, setzen aber mehr als nur die Grundausbildung im Tauchen voraus.
Strikt zu beachten ist, daß Ab- und Aufstieg nur an der Boje durchgeführt werden sollten. Unten am Wrack kann man auf der Leeseite, das heißt im Strömungsschatten, seine Erkundungen durchführen.

KEY LARGO: DRY ROCK / CHRIST OF ABYSS
von Kurt Amsler

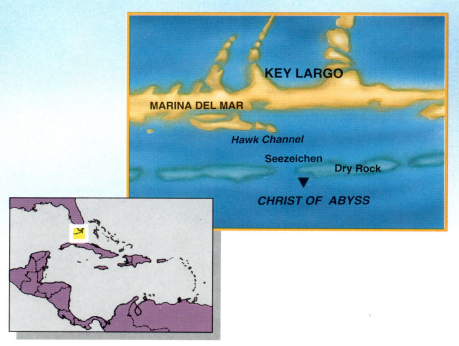

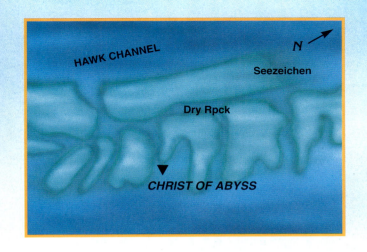
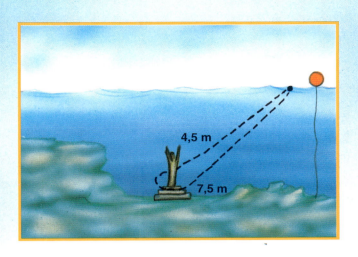

Lage

Dry Rock ist der berühmteste Tauchplatz im Key Largo Marine Sanctuary, denn hier steht die Statue des „Christ of Abyss". Er liegt nicht so weit im offenen Meer wie das Molasses Reef, und weil er recht häufig besucht wird, sind zwölf Festlegebojen vorhanden. Hier ist auch ein idealer Platz zum Schnorcheln. Die Statue steht auf einem Betonsockel auf 7,5 Meter tiefem Sandgrund. Auf beiden Seiten der Statue verläuft das Riff in einer Art Canyon nach hinten aus.

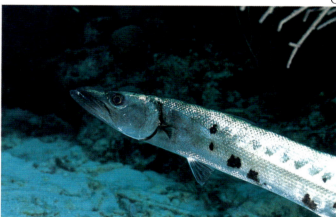

Der „Christus der Meerestiefe" ist aber nicht die einzige Attraktion am Platz. Es wimmelt hier nämlich vor Fischen, und wegen der vielen Besucher sind die Tiere überhaupt nicht scheu. Neben allen bekannten Arten von Korallenfischen fallen vor allem die großen Schwärme der Gelbschwanz-Schnapper ins Auge. Sie schwimmen in Formation über das Riff, zwischen den Elchhornkorallen und um die Statue herum.

Die Korallen um den „Christ of Abyss" bilden einen richtigen kleinen Wall mit Canyons und Höhlen. Da lohnt es sich, genauer hinzuschauen, weil solche Korallenformationen der Lebensraum von Niederen Tieren, aber auch der großen Krebse und Langusten ist. Ständige Gäste sind zahlreiche Große Barrakudas. Sie haben ansehnliche Größen. Der bekannteste ist – oder war? – „Smoky". Dieses fast 1,5 Meter lange Exemplar wurde zum Star aller Fotografen, weil er bis auf wenige Zentimeter an die Kamera heranschwamm. Bei meinem letzten Besuch war Smoky nicht am Platz. Alle Divemaster waren aber der Meinung, er habe nur einen Ausflug unternommen und würde den Weg zurück zum Dry Rock sicher wieder finden.

Den UW-Fotografen kann ich empfehlen, zwei Kameras oder Objektive mitzubringen. Um die imposante Sta-

A – Dieses Bild wird manchem Taucher seltsam vertraut vorkommen, denn im Mittelmeer bei San Fruttuoso steht bereits seit 1954 eine gleiche Statue. Der „Christus der Tiefe" ist Schutzpatron der Taucher und Seeleute.

B – Noch wenig bewachsen ist die Statue hier in Florida. Sie steht in flachem Wasser, so daß ein Besuch auch für den taucherischen Anfänger problemlos möglich ist.

C – „Smoky" haben die Taucher diesen Großen Barrakuda (Sphyraena barracuda) *genannt, der seinen festen Standplatz am Dry Rock hat und zu den Tauchern sehr zutraulich ist.*

D – Auffällig sind die vielen Schwärme der Gelbschwanz-Schnapper (Ocyurus chrysurus), *die das Riff hinter dem „Christus der Tiefe" bevölkern.*

tue vollständig und aus kurzer Distanz auf das Bild zu bekommen, ist ein 20- oder 15-mm-Objektiv notwendig. Ein Weitwinkel eignet sich auch für die Fischschwärme. Einzelne Fische und die Niederen Tiere erfordern ein 35-mm- oder ein Makro-Objektiv.

Der Tauchgang

Den „Christ of Abyss", genauso, wie er jetzt mit nach oben ausgebreiteten Armen vor mir steht, kenne ich bereits aus dem Mittelmeer. Bei San

Fruttuoso in der Nähe von Genua steht eine gleiche Statue auf dem Meeresgrund. Vom Bildhauer Guido Galletti geschaffen, ist sie der Schutzpatron der Taucher, Fischer und Seeleute. Sie wurde schon im Jahr 1954 auf ein vorbereitetes Fundament in fünfzehn Meter Tiefe versenkt. Dies hier ist ihr Ebenbild, ebenfalls drei Meter groß und aus Bronze gegossen. Sie hat ein Gewicht von 1800 Kilogramm und wurde in derselben originalen Form gegossen. Der italienische Tauchgeräte-Hersteller Egidi Cressi hat sie der American Underwater Society gestiftet.

Im Gegensatz zu den eher farblosen Fischen des Mittelmeeres kreisen jetzt die bunten Gelbschwanz-Schnapper um die Statue, und am Sockel suchen leuchtend himmelblaue Papageifische

E – Schnapper, Grunzer und Meerbarben bilden häufig gemischte Schwärme, die zusammen zwischen den Korallenformationen stehen.

F – Ein großes, ausgewachsenes Männchen des Signal-Papageifisches (Sparisoma viride) führt stolz sein auffälliges Farbkleid vor.

G – Ein Indigo-Hamlet (Hypoplectrus indigo) geht vor dem Taucher auf Distanz, wobei er ihn immer im Auge behält. Eigentlich ist er nicht sehr scheu, und wie viele andere Arten nähert er sich neugierig dem Taucher, sobald dieser sich ruhig verhält.

H – Am Fuß des Riffs hat diese Florida-Steinkrabbe ihre Höhle. Drohend hebt sie ihre Scheren, ist gleichzeitig aber immer bereit, den Rückzug in die Höhle anzutreten.

nach Nahrung. Je nach Sonnenstand bietet die Statue eine großartige Kulisse für Stimmungsbilder. Heute bei unserem Morgentauchgang steht die Sonne noch stark östlich, und gegen das Licht ergibt sie eine eindrucksvolle Silhouette. Nachdem diese obligaten Aufnahmen des Park-Symbols „im Kasten" sind, schwimmen wir in den Canyon, um die umgebende Rifflandschaft zu erforschen. Der ganze Riffzug bildet eine Art Wall mit steilen Wänden. Was auffällt, sind die vielen großen, kugelförmigen Hirnkorallen und die zahlreichen, zu-

traulichen Gruppen von Schnappern. Strömung liegt nicht an. Bei der Lage von Dry Rock ist auch nicht mit außergewöhnlichen Wasserbewegungen zu rechnen. Dieser Umstand macht zwar den Tauchgang angenehm, hat aber auch eine negative Auswirkung: Die Klarheit des Wassers leidet etwas darunter, und deshalb ist die Sicht hier immer etwas schlechter als am Außenriff. Doch tut das diesem Platz keinen Abbruch: Der „Christ of Abyss" muß unbedingt im Logbuch eines Tauchers stehen, der Key Largo besucht hat!

KEY LARGO: MOLLASSES REEF

von Kurt Amsler

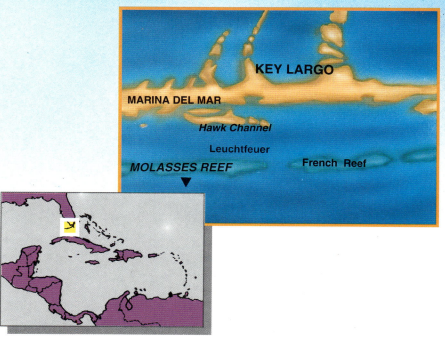
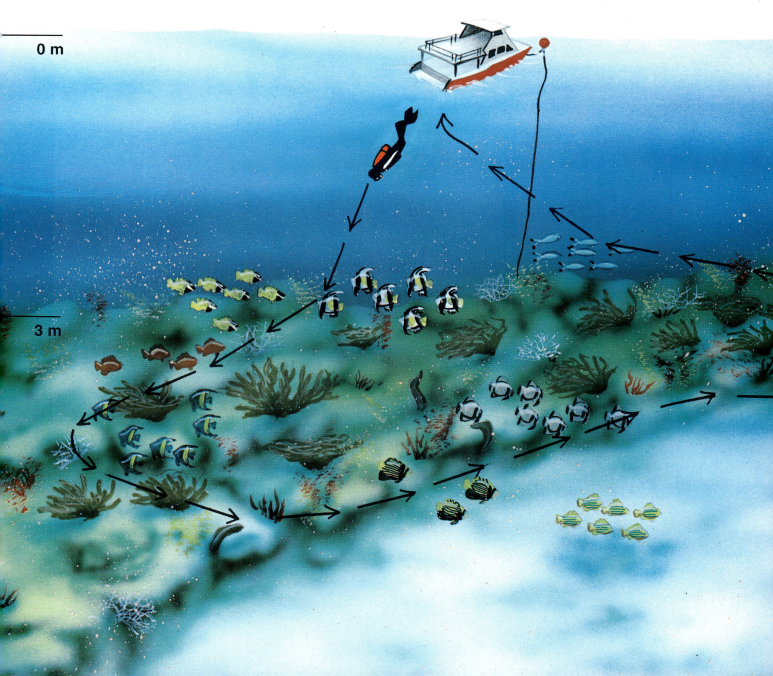

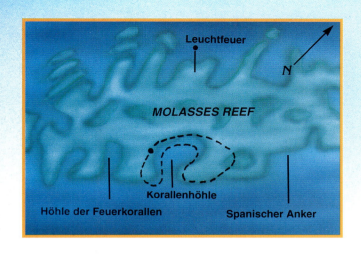
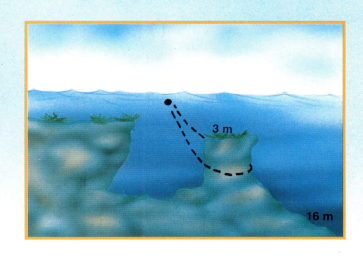

Lage

Fragt man Taucher nach ihrem Favoriten unter all den Tauchplätzen, dann ist die einhellige Antwort: Molasses Reef. In der Tat ist dieser Teil des Außenriffs an der südlichen Grenze des Marineparks der vielseitigste. Auch die berühmte „Duane" liegt nicht weit davon entfernt. Neben diesem „künstlichen" Wrack sind in dieser Gegend viele Schiffe ungewollt auf Grund gelaufen, weil ihnen die gefährliche Riffbarriere zum Verhängnis wurde. Heute ist Molasses Reef mit einem großen Leuchtfeuer gekennzeichnet.

Der Golfstrom bringt frisches und sauberes Wasser ans Riff. Das wirkt sich positiv auf die Sichtweiten aus, und das ist auch der Grund, warum an dieser Stelle sehr oft pelagische Fische anzutreffen sind. Die Riff-Topographie ist äußerst interessant, auch wenn den Taucher keine Dropoffs erwarten. Das Riff ist von Canyons und Sandflächen durchzogen. Das Riffdach beginnt nahe der Oberfläche und fällt dann steil senkrecht ab. Die größte Tiefe beträgt etwa 17 Meter. Teilweise hängt dieser Miniwall weit über. Darunter stehen Fische in dicht geballten Gruppen, wie man es nur selten sieht. Viele Löcher und Durchbrüche im Riff lassen sich durchzutauchen und bieten interessante Aspekte.

Molasses Reef ist auf seiner ganzen Länge schön und interessant. Es spielt deshalb keine Rolle, an welcher Stelle – es gibt unter anderem „Fire Coral Cave", „Miniwall" oder „Wellwood Side" – man ins Wasser springt. Beim „Hole in the Wall" liegt auch ein großer Anker, „Spanish Anchor" genannt, der mit einem Taucher dahinter ein schönes Fotomotiv abgibt.

Der Tauchgang

Die zehn Kilometer bis zum Molasses Reef hinaus sind für die stark motorisierten Boote der Tauchbasen keine Distanz. Das macht sich dann wieder positiv in der Dauer der Tauchgänge

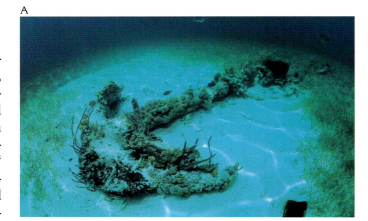

A – Ein riesiger Anker, „Spanischer Anker" genannt, zeugt von einem Drama in längst vergangenen Zeiten. Molasses Reef stellte früher ein gefährliches Hindernis für die Schifffahrt dar. Heute wird das Riff durch ein Leuchtfeuer abgesichert.

B – Hoch strecken sich die Venusfächer empor, um in die planktonreiche Strömung zu reichen.

*C – Eine kleine Gruppe von Karibik-Spatenfischen (**Chaetodipterus faber**) pendelt zwischen Taucher und Fotograf hin und her.*

*D – Wie ein Sattel sieht die weiße Markierung des Weißflecken-Feilenfisches (**Cantherhines macrocerus**) aus.*

bemerkbar. In der Regel wird dafür eine Stunde unter Wasser eingeplant. Danach wird ein zweiter, nahegelegener Tauchplatz angelaufen, die Flasche gewechselt und wieder eine Stunde getaucht. Dank der schnellen Boote sind die Taucher zum Lunch wieder in Key Largo zurück.

Heute ist ein richtig warmer, windstiller Spätsommertag. Das Molasses Reef zeigt sich von seiner besten Seite. Die Sicht ist perfekt, und das Wasser ist dermaßen lichtdurchflutet, daß ich stark abblenden und die schnellstmögliche Verschlußzeit einstellen muß, um den Hintergrund dunkel darzustellen. Ich schwimme langsam am Riff entlang. So weit das Auge reicht, wachsen, riesigen Fingern gleich, die braunen Elchgeweihkorallen an der Kante des Abbruchs und auf der Riffplatte. Diese Korallen sind typisch für die Karibik und den Westatlantik. Die flachen Riffe der Florida Keys, die sich von Key Largo bis nach Key West hinziehen, sind natürlich prädestiniert für diese Korallenart. Die weitausladenden, hornartigen Korallengebilde sind aber sehr fragil, deshalb sollten Taucher sich mit ausreichendem Abstand vom Riff bewegen und darauf achten, was ihre Flossen machen.

Gleichgültig, welchen Korallenstock ich ins Blickfeld nehme, immer stehen in deren Schatten Fische in kleinen Gruppen. Da sind Franzosen-, Blaustreifen- und Kopfstreifen-Grunzer. Ich entdecke auch einen Trompetenfisch, der bewegungslos und steif zwischen den Korallenästen steht. Das ist der alte Trick dieser Fische, denn so sehen sie den Korallenästen zum Verwechseln ähnlich, und die Beute schwimmt ihnen direkt vor das Maul. Zwei große Franzosen-Kaiserfische folgen mir schon seit einiger Zeit. Jedesmal aber, wenn ich ihnen mit der Kamera auf den Leib rücken will, verschwinden sie in den Korallen. Es scheint, als wollten sie mich zum Narren halten, denn sogleich sind sie wieder präsent – nur nicht da, wo meine Kamera hinschaut. Alle Arten dieser Familie sind hier vertreten: mehrere Graue und die grell gefärbten Diadem-Kaiserfische sowie auch die gelb und schwarz gezeichnete Felsenschönheit. Es ist wie in einem Aquarium: Wo man auch hinschaut, schwimmen buntgefärbte Fische aller Arten, Muränen und Zackenbarsche. Aber auch im freien Wasser ist viel los. Neben Schwärmen von Gelbschwanz-Schnappern ziehen mindestens acht Karibik-Spatenfische in Formation über den Sandgrund. Diese Fische gleichen den Fledermausfischen der tropischen Meere, sind aber nicht mit ihnen verwandt. Sie können über einen halben Meter lang werden.

Vor einem muß sich der Taucher in acht nehmen: Beim Erkunden des Molasses Reef verrinnt die Zeit im Flug, und die Kameras sind zu schnell leer!

E – Dieser Schwarm gelber Grunzer, die dicht am Riff schwimmen, setzt sich aus Vertretern mehrerer Arten zusammen. Insbesondere kann man die Arten Gelbstreifen-Grunzer (Haemulon chrysargyreum) *und Franzosen-Grunzer* (Haemulon flavolineatum) *identifizieren.*

F – Nichts entgeht dem Atlantik-Trompetenfisch (Aulostoma maculatus), *der gut getarnt zwischen den Zweigen einer Hornkoralle lauert.*

G – Würdevoll – so sieht es zumindest der Betrachter – präsentiert der Franzosen-Kaiserfisch (Pomacanthus paru) *sein charakteristisches Farbkleid.*

H – Wundervoll blau und gelb gefärbt ist der Diadem-Kaiserfisch (Holacanthus ciliaris), *der hier dicht über einem riesigen Schwamm schwimmt.*

I – Charakteristische gelbe Flossen haben die Schulmeister-Schnapper (Lutjanus apodus). *Diese Art ist überall in der Karibik stark vertreten.*

KUBA

von Eleonore De Sabata

Dies ist ein Land voller Geschichte und Legenden, voller Abenteuer und Illusionen. Es verfügt über siebentausend Kilometer Strände, wunderschöne Buchten und einige der besten Tauchplätze in der gesamten Karibik. Dank seiner Lage – Kuba thront über dem Randabfall des Mexikanischen Grabens – sind seine Meeresgründe reicher als die meisten anderen karibischen. Wie überall in der Karibik kann man zwei wesentliche Habitate unterscheiden: das Flachwasser, in dem die Gorgonien vorherrschen, und die tieferen Zonen, die von den Schwämmen dominiert werden. Diese absolute Vorherrschaft der Schwämme ist ein weiterer Beweis für die unabhängige Entwicklung der Karibik, die Millionen Jahre lang von den anderen Meeren isoliert war.

Schwämme gibt es in allen denkbaren Formen und Größen, von den winzigen, unsichtbaren, die Gänge ins Korallengestein bohren, bis zum Elefantenohr-Schwamm, der drei Meter Durchmesser erreichen kann. Tausende von Zellen leben in den

A – Die Hauptinsel Kubas ist umgeben von Tausenden kleiner Inselchen mit Korallensandstränden und türkisfarbenen Lagunen, von denen die meisten noch nicht entwickelt sind.

B – Der Taucher stößt auf die verschiedensten Formen und Größen der Hornkorallen, die durch die Umgebungsbedingungen entstanden sind.

C – Die fächerförmigen Gorgonien stehen immer quer zur vorherrschenden Strömung, um ein Maximum ausfiltern zu können.

D – Man mag es kaum glauben, aber die meisten Lebensformen auf diesem Foto gehören zu den Gorgonien. Bei allen Unterschieden in Form und Größe sind sie Vertreter ein und derselben Familie.

E – Brillante Farbe in die karibische Unterwasserwelt bringen vor allem die Schwämme.

D

E

F

Schwämmen als Kolonie zusammen, und das führt je nach Umgebung und der Tiefe des Standorts zu den verschiedensten Formen und Merkmalen. Die Schwämme saugen das Umgebungswasser durch winzige Poren auf der Außenfläche an, filtern es und schwemmen es durch zentrale Öffnungen, die Operculi, wieder aus. Heutzutage kann man an den verschiedensten Stellen vor der kubanischen Küste tauchen, aber die interessantesten Tauchplätze liegen entlang des Abbruchs des Kontinentalschelfs,

G

H

der teilweise sehr nahe bei der Küste liegt: bei der Insel Pinos, der „Schatzinsel", die schon seit Jahrzehnten ein Magnet für die weltreisenden Taucher darstellt, sowie auch bei Cayo Largo und in den Jardines de la Reina, zwei neuen Tauchzielen.

In diesen Gewässern kann man das ganze Jahr über tauchen, ausgenommen die Monate September und Oktober. Von Mai bis November ist es heiß, in der restlichen Zeit des Jahres eher gemäßigt. Die niedrigsten Temperaturen verzeichnet man mit 23 bis 24 °Celsius im Januar und Februar.

Kuba war einst ein Zufluchtsort der Piraten. Robert Louis Stevenson ließ seinen Roman „Die Schatzinsel" auf der Insel Pinos spielen. Er brauchte dabei seine Phantasie nicht weit über die Wirklichkeit hinausschweifen lassen: Hier versteckten sich tatsächlich viele Freibeuter. Pie de Palo („Pegleg") beispielsweise erbeutete große Schätze, indem er die nach Spanien heimkehrenden Schiffe angriff, Schätze, die man immer noch hier versteckt vermutet – vielleicht unter Wasser?

F – Ein großer Schwarm Blauer Doktorfische (Acanthurus coeruleus) zieht auf der Suche nach seegras- und algenreichen Zonen übers Riff.

G – Der Königs-Feenbarsch (Gramma loreto) ist klein, gehört aber dennoch zu den bekanntesten karibischen Fischen. Das liegt an seiner charakteristischen Halb-und-Halb-Färbung.

H – Der Graue Kaiserfische (Pomacanthus arcuatus) ist der größte Vertreter seiner Familie in der Karibik und kann bis zu 50 Zentimeter lang werden.

PINOS: CABO FRANCÉS

von Eleonore De Sabata

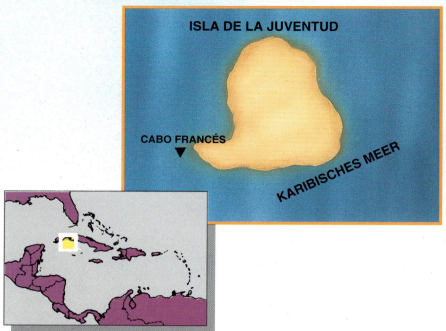

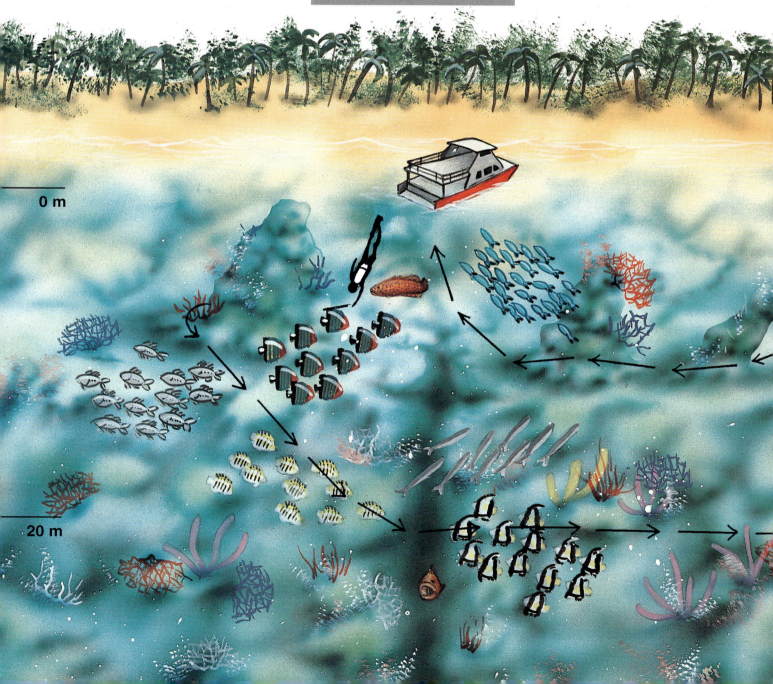

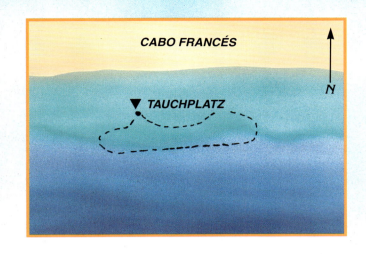

Lage

Die Tauchplätze von Cabo Francés liegen etwa 45 Bootsminuten von der Marina entfernt. Die einzige Tauchbasis von Pinos verfügt über eine Flotte schneller Tauchboote, mit denen ausgefahren wird. Zwei Tauchgänge stehen täglich auf dem Programm: Der erste wird am äußeren Riffhang durchgeführt, der zweite auf dem flachen Plattformriff. Dazwischen kann man im sogenannten Ranchón, einem auf Stützen über dem Wasser stehenden Restaurant, eine Lunchpause einlegen. Einmal wöchentlich steht hier auch ein Nachttauchgang auf dem Plan.

A – Eine Schule von Franzosen-Grunzern (Haemulon flavolineatum) *kreist um einen Husarenfisch, der bei Tag die schattigen Plätze zwischen den Korallenstöcken bevorzugt.*

B – Obwohl der Graue Kaiserfisch (Pomacanthus arcuatus) *recht häufig ist, verzaubert er wegen seiner zutraulichen Art immer wieder den Taucher.*

Der Tauchgang

Tauchen in Kuba ist gleichbedeutend mit Tauchen am Punta Francés. Mehrere Weltmeisterschaften der Unterwasserfotografie wurden bereits an diesem Steilhang ausgetragen, der direkt am Kontinentalschelf liegt und auf wenige hundert Meter Distanz über tausend Meter tief abfällt.

An dieser einen, langgezogenen Riffwand können Sie wochenlang tauchen: Eine Reihe von Bojen kennzeichnet die Tauchplätze. Die Plätze 1 bis 34 liegen direkt am Riffabfall, etwa 30 weitere in den flacheren Gebieten des Plattformriffs dahinter. Der Riffabfall beginnt in 20 Meter Tiefe. Herren und Meister dieser Steilwand sind die Schwämme, die es in allen Formen gibt, aber nur in einer Größe: gigantisch.

Schauen Sie diese Schwämme nicht nur aus der Distanz an! Schwämme sind nicht nur unbewegliche Lebewesen mit ungewöhnlichen Dimensionen, sondern auch wachsende Tiere, die sich fortpflanzen und mit anderen Tieren um Lebensraum konkurrieren. Am Tauchplatz 4 beispielsweise findet man einige, die miteinander in einem lautlosen, aber tödlichen Kampf um Raum und Licht stehen.

Es gibt entlang der Steilwand auch Höhlen. Besonders interessant ist die bei Tauchplatz Nummer 7. Eine weitere, besonders große führt bis in 50

Meter Tiefe. Die Spitze dieser Kluft ist offen, und man kann eine Anzahl von Tarpunen erkennen, die langsam in dieser Höhle herumschwimmen und silbrig aufblitzen, wenn sie durch einen der einfallenden Lichtstrahlen getroffen werden. Einen poetisch „tunnel of love" genannten, senkrechten Spalt kann man durchschwimmen. Dabei passiert man riesige Schwammformationen, die an den Innenseiten wachsen.

Hinter dem Steilhang liegt das Plattformriff, das maximal fünfzehn Meter tief ist. Dort findet man zahlreiche Steinkorallenformationen auf Sandgrund. Am Tauchplatz Nummer 38 steht ein riesiger Korallenstock, an dem sich die Tarpune massenhaft versammeln. Fischschwärme kreuzen dort unablässig unter einem Felsbogen hindurch, der drei bis vier Meter hoch ist. Überall stößt man auf Zackenbarsche, denen man sich leicht nähern kann (besonders am Tauchplatz Nummer 40, da sie hier von den Tauchern angefüttert wurden). „El Cabezo Solitario" (Boje Nummer 46) ist, wie der Name dies andeutet, ein isoliert stehendes Riff mit zahlreichen Putzerstationen. Schauen Sie in die Spalten und Einbuchtungen, in denen die charakteristischen Seeanemonen mit ihren nesselnden Tentakeln sitzen. Dort verstecken sich die transparenten, purpurfarbigen Garnelen, deren Aufgabe es ist, andere Tiere von Parasiten zu befreien. Hier kommen häufig die Zackenbarsche vorbei und sperren zum Putzen das Maul weit auf. Gutmütig lassen sie die schmerzhafte und von den Garnelen energisch betriebene Dienstleistung des Putzens über sich ergehen.

Wenn Sie die wundervollen roten Fächergorgonien sehen möchten, können Sie ganze Wälder davon an den Wänden eines Grabens bei Tauchplatz Nummer 56 finden, der von zehn Meter bis zum Sandgrund in fünfzehn Meter Tiefe führt. Besonders bemerkenswert an diesem Platz ist die ungewöhnliche Anzahl hübscher Flamingozungen.

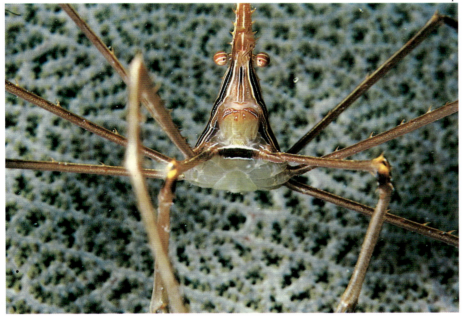

C – **Schulmeister-Schnapper** (Lutjanus apodus) *kreuzen gemächlich über dem reichen Korallenbett, das die Insel Pinos umgibt.*

D – *Manchmal unterbrechen die Schulen großer Tarpune* (Megalops atlanticus) *ihre Wanderzüge und sind dann für einige Zeit immer an derselben Stelle des Riffs zu finden.*

E – *Große Röhrenschwämme* (Agelas sp.) *gehören an allen Tauchplätzen des Cabo Francés zu den gewohnten Erscheinungen.*

F – *Die Pfeil-Gespensterkrabben sind mit ihren langen, unproportionierten Beinen unverwechselbar.*

G – *In Riffbereichen, die einer ständigen schwachen Strömung ausgesetzt sind, findet man häufig Ansammlungen des Kolonialen Röhrenwurms* (Bispira brunnea). *Bei der geringsten Störung ziehen sie ihre Tentakelkronen ein.*

H – *Eine riesige Gorgonie streckt ihren Fächer zur Oberfläche empor.*

CAYO LARGO: CABEZERIA DE CAYO BLANCO

von Eleonore De Sabata

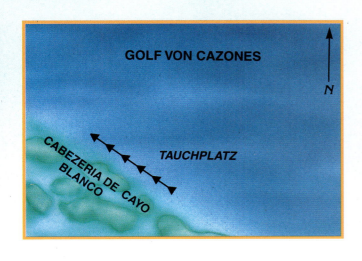

Lage

Cayo Largo und der Los Canarreos-Archipel sind die einzigen über die Wasseroberfläche reichenden Teile der weit ausgestreckten Jardines-Untiefe. Dies ist der letzte Ausläufer des kubanischen Territoriums vor den Tiefen des Golfes von Mexiko. Vor der Südküste beträgt die Meerestiefe wenige hundert Meter, vom Strand entfernt bereits tausend Meter, und nördlich des Archipels zieht sich ein tiefer Kanal zwischen der Jardines-Bank und Kuba entlang. Seine steilen Wände fallen bis auf 200 Meter Tiefe und verlaufen über Dutzende von Kilometern. Die Cabezeria de Cayo

A – Die steifen, geraden Zweige der Seerute sind mit Tausenden von Polypen bedeckt, die auch bei Tag aktiv sind.

B – Ein Amerikanischer Stechrochen (Dasyatis americana) schwimmt gemächlich über eine der weiten Sandflächen.

C – Ein riesiger, gelboranger Röhrenschwamm (Aplysina sp.) hat zahlreiche warzenartige Auswüchse entwickelt.

D – Zwei Röhrenschwämme, die aus einer gemeinsamen Basis gewachsen sind, scheinen darin zu konkurrieren, größer und weiter in der Strömung zu sein als der andere.

E – Große Vasenschwämme wie der abgebildete beherbergen häufig zahlreiche Tiere. Neben Schlangensternen und Grundeln kann man sogar größere Fische, beispielsweise Zackenbarsche, in ihnen ruhen sehen.

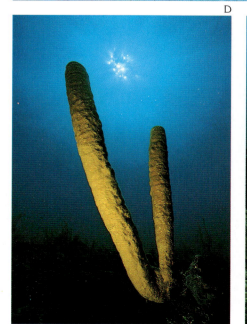

Blanco erstreckt sich entlang dieses Kanals. Die 200-Meter-Tiefenlinie verläuft direkt unterhalb des Riffabfalls.

Der Tauchgang

Es wäre gewagt, einen spezifischen Tauchplatz entlang der Cabezeria herauszustellen, denn das Gebiet wird erst neuerdings betaucht und ist sicher noch für Überraschungen gut. Die Steilwand wimmelt vor Leben. Man findet prächtige Korallen, Gorgonien und Schwämme und ist von Fischmassen umgeben. Hier kommen auch die großen Raubfische vor: Haie (einschließlich dem Walhai), Adlerro-

chen und Stachelmakrelen. Alle Gebiete am Riffabfall der Cabezeria lohnen den Besuch, allerdings meist nur für erfahrene Taucher.
Das hängt weniger damit zusammen, daß man große Tiefen aufsuchen muß, denn auch die Großfische kommen hier in Oberflächennähe, sondern mit den häufig starken und wechselnden Strömungen. Viele Tauchgänge sind deshalb Drift-Tauchgänge. Aber auch für Anfänger gibt es geeignete Stellen, wo sie in flacheren Bereichen verweilen und ebenfalls ihre Begegnungen mit den „Lords der Tiefe" haben können.
Jedermann, ob Anfänger oder erfahrener Taucher, wird hier das erregende Gefühl haben, als Pionier in bisher unerforschte Gebiete vorzustoßen. Allein die enorme Anzahl an großen Fischen, die er hier zu Gesicht bekommt, beweist dies: Riesige Zackenbarsche, Meerbrassen, so groß, daß sie mit zwei Schiffshaltern zusammenleben, Adler- und Stechrochen gibt es ohne Zahl. Cayo Largo steht gerade am Beginn seiner touristischen Entwicklung, und erst ein kleiner Bereich des Canarreos-Archipels hat jemals einen Taucher gesehen.
Die beste Zeit für das Tauchen im Golf von Cazones ist von Juni bis Dezember, wenn der vorherrschende Wind von Ostsüdost kommt.

F – Die spezifische Größe der einzelnen Arten ist unterschiedlich, aber gemeinsam ist allen Arten von Schwämmen, daß sie hier ihre maximale Größe erreichen.

G – Wegen der Strömung werden an der Cabezeria häufig Drift-Tauchgänge durchgeführt, bei denen das Boot den Tauchern folgt.

H – Bei dieser Schule von Karibik-Spatenfischen kann man gut erkennen, daß die für sie charakteristischen dunklen Bänder von Tier zu Tier unterschiedlich intensiv gefärbt sein können.

I – Majestätisch fliegt ein Pärchen Gefleckter Adlerrochen (Aetobatus narinari) durchs Freiwasser. Ihr Schwanz ist so lang, daß man gar nicht glauben mag, das sei ein Körperteil. Eher hat man den Eindruck, sie schleppten etwas hinter sich her.

LOS JARDINES DE LA REINA: THE OCTOPUS LAIR

von Andrea Ferrari

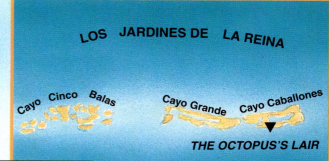

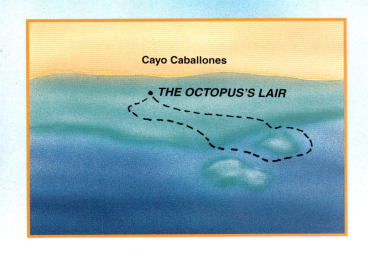

Lage

Zum Archipel der Jardines de la Reina gehören über zweihundert Cayos, die sich bogenförmig parallel über zweihundert Kilometer zur Südküste Kubas erstrecken. Diese Inselwelt prunkt mit einem der längsten Korallenriffe der Welt. Zwischen ihr und der Hauptinsel liegt der Golfo del Ana Maria.
Die Tauchboote starten von Marina di Jucaro aus, nicht weit von der kleinen Stadt Ciego de Avila entfernt, und bewältigen die Strecke in wenigen Stunden. Zur Zeit sind die Inseln nicht bewohnt, so daß solche Tauchkreuzfahrten die einzige Möglichkeit darstellen, in den Jardines de la Reina zu tauchen. Jahrzehnte der völligen Isolierung haben dazu beigetragen, daß diese Tauchplätze die unberührtesten in der gesamten Karibik geblieben sind.

A – Über zwei Meter lang können die Gefiederten Seefederbüsche (Pseudopterogorgia sp.) werden.

B – An den steilsten Stellen der Riffwand findet man zahllose planktonfilternde Organismen wie Gorgonien oder diesen Azurblauen Vasenschwamm (Callyspongia plicifera).

C – Die Großen Barrakudas (Sphyraena barracuda) zieht es häufig zu den Riffen, an denen das marine Leben ihnen reichlich Nahrung bietet.

D – Neben manchen Tarpunen (Megalops atlanticus) kommt der Taucher sich klein vor, denn sie werden über zwei Meter lang.

Der Tauchgang

Einer der besten Plätze ist The Octopus's Lair, der Bau des Oktopus. Das ist ein riesiger Krater mit zwölf Meter Durchmesser, der von Steinhaufen eingerahmt ist. Diese sind so säuberlich angeordnet, daß man wirklich glauben könnte, ein riesiger Oktopus habe sie angehäuft. Aber im Krater lauert kein monströser Oktopus, sondern hier findet man lediglich eine spektakuläre Grüne Muräne sowie Myriaden kleinerer Riffische, vor allem Grunzer sowie Gregory- und Chromis-Riffbarsche.

Wenn man den etwa fünfzehn Meter tief liegenden Krater ausgekundschaftet hat, kann man zu den umliegenden und mit Gorgonien bestandenen Korallenbänken weiterschwimmen. Dort kann man in Ruhe die riesigen, ortstreuen Schwärme von Franzosen-Grunzern, Blaustreifen-Grunzern und Schweins-Grunzern bewundern, ebenso die Falterfische und auch die immer präsenten Trompetenfische.

E – Die Grüne Muräne (Gymnothorax funebris) wird nachts aktiv und streicht durchs Riff. Tagsüber verbirgt sie sich in einem Spalt und läßt den Taucher nahe herankommen.

F – Tiger-Zackenbarsche (Mycteroperca tigris) stehen häufig unbeweglich auf der Stelle im Wasser. Obwohl sie dem Taucher gegenüber relativ scheu sind, beobachten sie doch auch neugierig dessen Treiben.

Dann kann man entlang einer abfallenden Reihe von Riffen tiefer tauchen. Diese sind mit riesigen Büschen Schwarzer Korallen bestanden. Ins Auge fallen auch die Schwämme in vielen Farben und Formen, die einer faszinierenden Vielzahl von Tieren Unterschlupf bieten: Muränen, Kaiserfische, auch Seeanemonen sowie deren entzückende Gefährten, die Putzergarnelen. Hier findet man ebenso eine beachtliche Kolonie der wehrhaften Riesen-Seespinnen und viele weitere, nicht weniger interessante Arten von Krustentieren.

An diesem Platz taucht man gerne ein zweites Mal, und zwar wenn die Sonne untergegangen ist. Nachts wird man besonders häufig der eleganten Flamingozungen sowie der surrealen Pfeil-Gespensterkrabben ansichtig. Beide findet man bei genauem Hinsehen auf den Gorgonienfächern.

G – So bunt und vielfältig ist das Panorama am Octopus's Lair. Generell sind die Riffe der Jardines de la Reina wegen ihrer isolierten Lage noch praktisch unberührt.

H – Die Wände der Riffe sind überzogen von marinen Organismen, die den Meeresgrund zu einem Sammelpunkt des Lebens werden lassen.

MEXIKO
von Kurt Amsler

Die mexikanische Insel Cozumel liegt 19 Meilen vor der nordöstlichen Küste der Halbinsel Yucatan, ein kleines Eiland, nur 29 Meilen lang und neun Meilen breit, und der höchste Punkt liegt nur ganze 14 Meter hoch. Neben Cozumel, der größten Insel, liegen noch die beiden Inseln Mujeres und Contoy vor dieser Küste. Die Unterwasserwelt von Cozumel ist ein Teil des zweitgrößten Riffs der Welt, dem Belize-Barriereriff. Dieses erstreckt sich von der Südspitze der Insel Mujeres 320 Kilometer lang bis zur Bucht von Honduras.

Die vorspanische Geschichte von Cozumel ist mit dem Aufstieg und Untergang der Maya-Zivilisation verbunden. Sie lebten auch auf Cozumel, das sie „Ah Cuzamil-Peten" nannten, was in ihrer Sprache „Platz der Schwalben" bedeutete, bezugnehmend auf die Massen dieser und anderer Vögel, die hier einmal nisteten.

Durch Zufall entdeckte der Spanier Don Juan Grijalva die Insel auf seinem Weg nach Kuba. Eine von ihnen eingeschleppte Pockenepidemie dezimierte die Bevölkerung Cozumels von 40 000 zu Beginn der Besetzung im Jahre 1519 auf weniger als 300 Menschen nur 50 Jahre später. Im späten 16. Jahrhundert wurde die Insel ein Zufluchtsort von Piraten, darunter bekannter Freibeuter wie Jean Lafitte und Henry Morgan. Die über 200 Jahre dauernde Piratenepoche endete mit derartiger Verwüstung, daß die Insel 1843 von jeder Menschenseele verlassen war. Im Jahre 1848 siedelten sich wieder Mexikaner auf der Insel an, die vor den Unruhen auf dem Festland geflohen waren.

Die um die Jahrhundertwende aufkommende Kaugummiwelle machte aus der Insel ein richtiges Industriezentrum. Seit Jahrhunderten schon stillten die Einheimischen ihren Durst mit dem rohen Saft des Sapotillbaumes, der in Mittelamerika und auch auf Cozumel wächst. Cozumel bot aber nicht nur diesen Rohstoff,

A – Das Riff ist von Canyons durchbrochen, die von massigen Korallentürmen gesäumt werden.

B – Die unglaubliche Architektur und die lebhaften Farben der Schwämme entfalten sich vor allem in den flacheren Bereichen des Riffs.

sondern auch die Möglichkeit, große Schiffe nahe an der Küste zu verankern. Viele Leute verdienten sich eine goldene Nase an den Kaugummistreifen, für die arme Indios aus dem tiefen Dschungel den Rohstoff, das sogenannte „chicle", lieferten.

Während des Zweiten Weltkrieges bauten die Amerikaner einen Flugplatz auf der Insel und betrieben eine U-Boot-Basis. In dieser Zeit kamen US-Marinetaucher auf die Insel, um für die Einsätze in Europa und im Pazifik zu trainieren. Sie waren es auch, die nach dem Krieg die Insel als Tauchplatz bekanntmachten oder gar selbst immer wieder hierher zurückkamen.

Tauchen auf Cozumel

Praktisch alle Tauchaktivitäten in Cozumel finden an der windgeschützten, dem Festland zugewandten Westküste statt. Die Riffe umgeben zwar fast die ganze Insel, aber an der Ostküste ist das Tauchen wegen der hohen Brandung nicht möglich. Die Westseite hingegen ist – mit Ausnahme bei Nordnordwest-Winden, die nur im späten Herbst wehen – normalerweise absolut ruhig. In Cozumel kann auch von Land aus getaucht werden. Wo das Riff sehr eng am Ufer entlang verläuft, erreicht der Taucher nach etwa 50 Meter Schnorchelstrecke bereits das Dropoff. Die gesamte Küste Cozumels ist für alle Bewohner und Besucher offen, das beinhaltet auch den Einstieg ins Wasser vor Hotels. Unter Vorlage des Tauchzertifikates, der sogenannten „C-Card", kann überall Ausrüstung gemietet und mit einem Mietwagen die Küste abgefahren werden. Eine Liste mit allen Landeinstiegen („List of entry points") bekommt man bei jedem der über 20 Diveshops. Es operieren aber auch schnelle und gut ausgerüstete Boote von den Tauchbasen und Hotels aus. Meist werden Vormittagsausfahrten mit zwei Tauchgängen angeboten.

Die allgemeine Strömungsrichtung geht in der Regel von Süden nach Norden. Aber die Guyana-Strömung, die in nördlicher Richtung zieht, stößt genau auf den südlichen Punkt der Insel Cozumel und produziert Sekundärströmungen von unterschiedlicher Stärke in umgekehrter Richtung. Das führt dazu, daß sich während eines Tauchgangs ohne weiteres die Strömungsrichtung ändern kann. Aus diesem Grund werden alle Tauchgänge vom Boot aus als sogenannte „drift dives" durchgeführt, wobei das Boot den Tauchern folgt.

Die Unterwasserwelt um Cozumel unterscheidet sich nicht von den anderen Gebieten im nordöstlichen karibischen Raum. Das Riff kann in drei Kategorien eingeteilt werden: Flachriffe, mittlere Riffe und Riffabfälle (Dropoffs). Die Rifflandschaft ist insbesondere an den mittleren und tiefen Riffen von rechtwinklig zum Ufer verlaufenden Schluchten geprägt.

Dank der ständigen Strömungen sind die Gewässer um Cozumel immer transparent, und Sichtweiten von über 50 Meter sind keine Seltenheit! Die Wassertemperatur ist das ganze Jahr über fast konstant, beträgt um die 25 °C im Winter und steigt in den späten Sommermonaten sogar auf 29 Grad.

Der Fischreichtum ist enorm. Wenn auch die großen, pelagischen Fische fehlen, so hat man doch am Dropoff immer wieder Begegnungen mit Adlerrochen, Barrakudas, Stachelmakrelen sowie Grauen Riffhaien und Schwarzspitzen-Haien. Ganze Schulen von Stechrochen tummeln sich am Sandgrund, und unter den Überhängen und in Spalten kann man Ammenhaie ruhen sehen. Auffällig ist auch die große Zahl an Kaiserfischen, die man die eigentlichen Herren dieser Riffe nennen möchte. Auch eine endemische, also nur um Cozumel vorkommende Art, gibt es. Es ist der Korallen-Krötenfisch (Sanopus splendidus), der tagsüber gut versteckt unter Überhängen liegt, in der Nacht aber über das Riff schwimmt. Da diese Fische blitzschnell zubeißen können, ist es nicht ratsam, sie zu berühren. Ihr regelmäßiges Knurren, erzeugt durch Aneinanderreiben der Zähne, ist übrigens bei Nachttauchgängen ständig zu hören.

C – *Eine solche Begegnung kann man nur in den Gewässern um Cozumel herum haben: Der Korallen-Krötenfisch (*Sanopus splendidus*), ein Bodenbewohner, ist hier endemisch. Mit seinem Streifenmuster am Kopf sowie den Barteln ist er unverwechselbar. Entgegen seinem harmlosen Aussehen kann er aggressiv reagieren und beißen, wenn man ihn berührt.*

D – *Dieser Langstachel-Husar (*Holocentrus rufus*) ist als nachtaktiver Jäger mit ungewöhnlich großen Augen ausgestattet. Tagsüber hält er sich in schattigen Zonen und Höhlen auf.*

E – *Ein solitärer Großer Barrakuda (*Sphyraena barracuda*) schwimmt dicht über dem Riff, bereit, auf jede unvorsichtige Bewegung seiner Beutetiere zu reagieren.*

COZUMEL: SANTA ROSA'S WALL

von Kurt Amsler

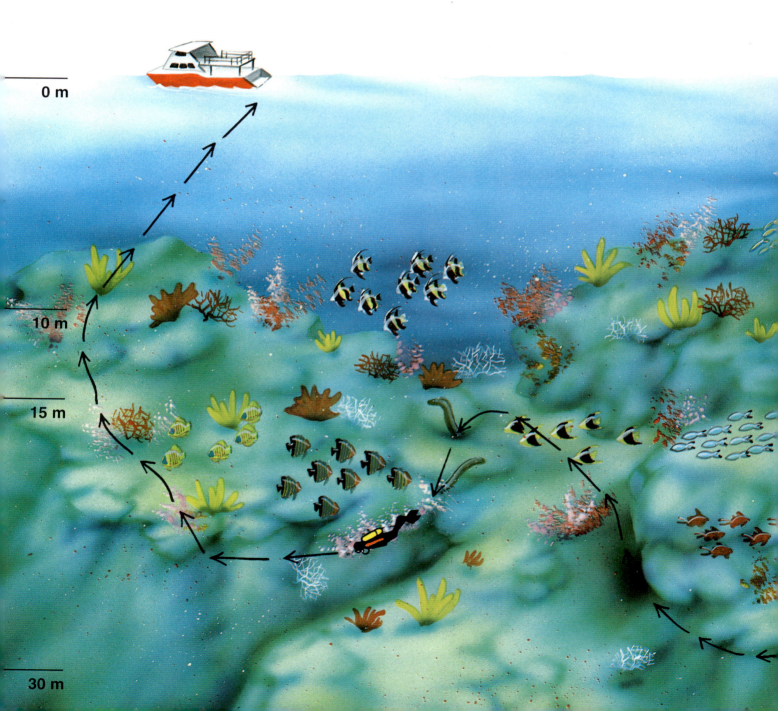

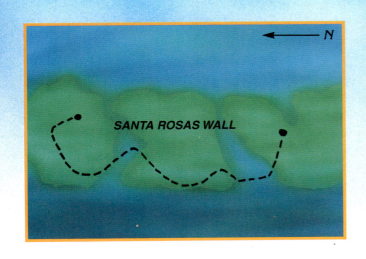

SANTA ROSAS WALL

N

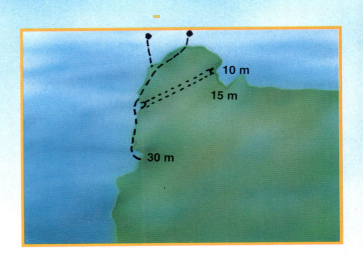

10 m
15 m
30 m

Lage

Von den drei Tauchplätzen Cozumels, die wir vorstellen wollen, liegt Santa Rosa's Reef am nördlichsten. Es ist ein langer Bereich der Riffbarriere, und selbst bei starker Strömungsunterstützung wäre es unmöglich, mit nur einer Tauchflasche alles abzuschwimmen. Die Strömung zieht in der Regel von Süden nach Norden und kann recht stark, vor allem aber unberechenbar sein. Im allgemeinen ist es aber für den Taucher ein leichtes, immer wieder in einer Höhle oder in einer der vielen Schluchten Schutz zu suchen. So kann das Driften immer wieder unterbrochen werden, um näheren Augenschein zu nehmen und Fotos oder Videoaufnahmen zu machen. Unangenehm sind die sogenannten „down currents". Das sind Strömungen, die über das Riffplateau hinweg ziehen und den Taucher an der Steilwand entlang ins tiefe Wasser drücken. Falsch wäre es in einer solchen Situation, das Tarier-Jackett aufzublasen, weil dadurch nur mehr Angriffsfläche geboten würde. Statt dessen gilt es, ruhig zu bleiben und so nahe wie möglich ans Riff zu schwimmen. Dort zieht die Strömung über einen hinweg, und durch einen der vielen Canyons kann man hinter das Riff gelangen.

Der südliche Teil des Riffs ist eher flach und nur leicht abfallend. Nördlich fällt die Wand vom Riffplateau, das auf zehn bis zwölf Meter liegt, senkrecht in unerreichbare Tiefen ab. Durch tunnelartige Gänge kann man quer durch das Riff schwimmen und am Ausgang direkt in die blaue Tiefe schauen. Die Steilwand ist mit Gorgonien und Peitschenkorallen bewachsen, und auch hier dominieren die Schwämme. Unter der 20-Meter-Grenze ist es die Landschaft, die den Besucher begeistert, darüber die Fischwelt. Große Schwarze Zackenbarsche sind an dieser Stelle häufig, und Grüne Muränen strecken ihre langen Körper aus den Spalten. Und unter den Überhängen der Canyons sitzen oft ganze Gruppen von Langusten.

Der Tauchgang

Wir werden hinter der Riffkante abgesetzt. Über den hellen, leicht abfallenden Sandboden geht es nun ziemlich genau nach Westen. Von weitem sehen wir schon den dunklen Schatten der Riffbarriere. Der Wall ist von vielen Gräben durchbrochen, die alle direkt zum Steilabfall führen. Der Boden dieser Canyons ist mit schneeweißem Sand bedeckt, und die überhängenden Riffwände sind mit Hornkorallen und Schwämmen bewachsen. Besonders die farbigen Schnurschwämme bringen einen schönen

A – Große, gelbe Röhrenschwämme findet man in großer Zahl an den Wänden, die senkrecht – und manchmal sogar überhängend – in die Tiefe stürzen.

B – Die Schwämme bringen leuchtende Farben ins Riff. Wie immer ist aber ab einer bestimmten Tiefe Kunstlicht erforderlich, um die Farben aufleuchten zu lassen.

C – Bis zu zwei Meter lang kann die Grüne Muräne (Gymnothorax funebris) werden.

D – Unverwechselbar sind die Elefantenohr-Schwämme.

E – Die Fächer dieser Gorgonie sind verwoben mit den Armen eines Schnurschwamms, auf dessen Oberfläche man die das Wasser filternden Poren erkennt.

F – Diese Fächergorgonie hat sich auf einem Schwamm niedergelassen.

Kontrast zum blauen Wasser. Hier in der Schlucht ist noch nichts von der Strömung zu spüren, doch sehen wir an den Luftblasen einer anderen Tauchgruppe, wie das Wasser am Steilhang vorne vorbeizieht.

Jetzt werden auch wir von der Strömung erfaßt, die uns langsam, aber beharrlich mit sich zieht. Es ist ein herrliches Gefühl, sich einfach an der Riffwand entlang treiben zu lassen und all die Eindrücke aufzunehmen. Von weitem schon sehe ich zwei enorm große Schwämme unter einem Überhang stehen. Gegen das blaue Wasser könnte das ein gutes Bild abgeben. Wenige Flossenschläge bringen

mich zum Riff, wo die Strömung bereits so schwach ist, daß es problemlos möglich ist, vom Motiv gleich mehrere Aufnahmen zu machen.

Das Wasser ist so hell und klar, daß es einen Blick weit über die erlaubte Tiefengrenze (40 Meter) hinaus erlaubt. Die Versuchung ist groß, einfach ins Blaue hinabzustechen, doch gilt es bei Tauchgängen an solchen Dropoffs, sich unter Kontrolle zu haben.

Drei große Schwarze Zackenbarsche sind es nun, die uns durch einen Canyon wieder hinter das Riff locken. Die Art und Weise, wie sie uns Fotografen zum Narren halten, ist beispiellos. Jede Verbindung und Spalte im Riff ausnutzend, sind sie immer und überall, nur nicht vor der Linse. Hier über dem etwa fünfzehn Meter tiefen Wasser wird uns das Tauchschiff nach Ablauf der geplanten 45 Minuten Tauchzeit und dem Sicherheitsstopp wieder aufnehmen.

G – Zu den Hauptattraktionen Cozumels gehört der hier endemische Korallen-Krötenfisch (Sanopus splendidus).

H – Unterhalb von 20 Meter Tiefe stößt man häufig auf große Schwarze Zackenbarsche (Mycteroperca bonaci), die unbeweglich über dem Sandgrund schweben.

I – Im ersten Teil ist Santa Rosa's Wall nicht so steil und führt zu einer sandigen Plattform, wo man in geringer Tiefe lange verweilen kann.

COZUMEL: PALANCAR CAVES

von Kurt Amsler

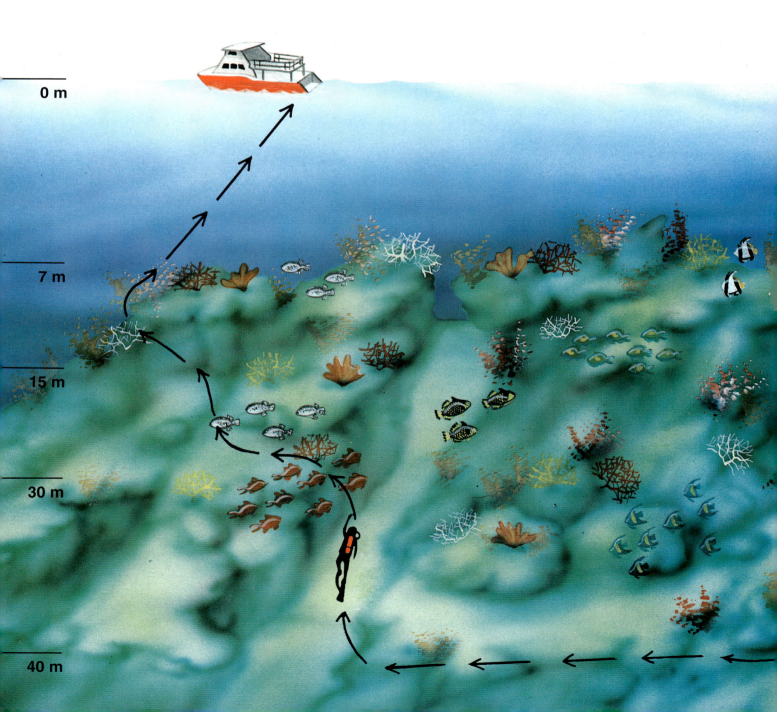

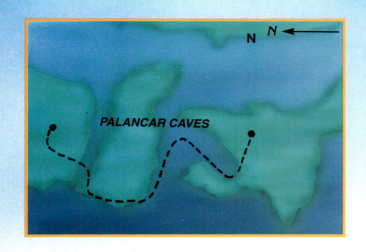
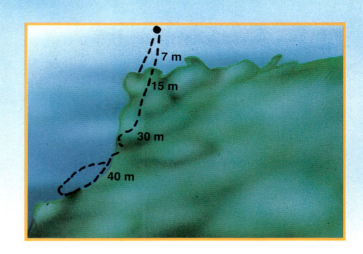

Lage

Die Palancar Caves sind ein Teil des Palancar-Riffs, mit dem das Tauchen auf Cozumel meist in Verbindung gebracht wird. Dieses Riff hat eine Länge von etwa fünf Kilometer. Nicht überall fällt es steil in die Tiefe ab, große Teile sind sehr flach und werden deshalb „Palancar shallows" genannt. Unsere Palancar Caves sind durch einen etwa sieben bis zehn Meter tiefen Sandgraben von den „shallows" getrennt. Die Riffstruktur von Palancar Caves ist durchlöchert wie ein Schweizer Käse, ein Labyrinth von Höhlen, Tunneln und Korallentürmen, durchzogen von Schluchten und Gräben. Die Decken der

A

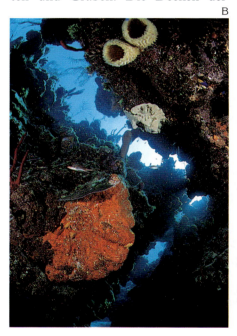
B

C

Höhlen und Tunnel sind vielfach mit leuchtend orangefarbigen Schnurschwämmen bewachsen. Der Bestand an Fächergorgonien ist, verglichen mit anderen Plätzen, hier eher karg – möglicherweise ein Folge des Hurrikans Gilbert, der im Jahre 1988 über die Insel fegte und gerade am Palancar Reef etliche Schäden anrichtete. Der optische Eindruck dieses Platzes und die Möglichkeit, nach Herzenslust zwischen den Riffblöcken hin und her zu schwimmen, läßt aber keine dauerhafte Beeinträchtigung befürchten.

Die Außenseite des Riffs fällt senkrecht ab und endet in etwa 30 Meter Tiefe auf einer abfallenden Sandhalde, die bis zum Dropoff führt. Das eigentliche Dropoff liegt tiefer als die erlaubte Tauchtiefe, die von den meisten Tauchbasen an dieser Stelle auf 30 Meter bis 40 Meter festgelegt worden ist.

Die Strömung in diesem Bereich des Riffs kann als leicht bis mittel eingestuft werden. Die Sichtweiten betragen in der Regel zwischen 30 bis 50 Meter. An Fischen findet der Taucher viele ungewöhnliche Arten, wie zum Beispiel: Feilen- und Kofferfische, Signal-Papageifische, Kugelfische und Tüpfel-Ritterfische.

Der Tauchgang

Schon der erste Blick in die Weite zeigt nach dem Sprung ins Wasser eine absolute Transparenz. Die Sicht beträgt sicher über 50 Meter! Das sind natürlich ideale Bedingungen für unseren Tauchgang hier an den Palancar Caves, die nicht zu den fischreichsten Tauchplätzen zählen. Wir lassen den optischen Eindruck der Unterwasserlandschaft auf uns einwirken. Die Strömung ist fast nicht spürbar, obschon sie leicht von Süd nach Nord zieht. Um einen Eindruck von den bizarren Rifformationen zu erhalten, schwimmen wir bewußt mehrere Meter über der Riffplatte. Die Palancar Caves tragen ihren Namen wirklich zu Recht. Unzählige Canyons und Höhlen laden zum Erkunden ein, so

D

daß die Entscheidung, wo man beginnen soll, richtig schwerfällt.

Wir gleiten zum Boden einer Schlucht, die von einer weit überhängenden Riffnase überdacht wird. Darunter befinden sich wunderschöne Schwämme, und hinten, wo sich eine Spalte bildet, sitzen drei große Langusten. Bei den heute herrschenden Sichtweiten will man aber nicht die Landschaft im Detail betrachten, sondern die Eindrücke in der Totalen aufnehmen. Der Steilabfall eröffnet sich am Ende der Schlucht, wo sich zu beiden Seiten das Riff auftürmt. Große Gorgonien schmücken die Wände. Durch die partielle Ausfilterung der Spektralfarben erscheinen diese Korallenfächer dem menschlichen Auge fast schwarz. Erst im Lampenlicht – oder wie jetzt bei der Blitzlichtaufnahme – zeigen sie ihre wirkliche, rote Farbe.

Wir befinden uns jetzt am Fuße des Riffs in genau 30 Meter Tiefe. Hier beginnt der steil abfallende Sandboden, der bis zum Dropoff weiterführt. Ein Blick auf den Tauchcomputer zeigt, daß die Zeit wie immer wie im Fluge vergeht. Ein hoher, oben spitz zulaufender Tunnel weckt unsere Aufmerksamkeit: Den wollen wir noch auskundschaften! Durch eine enge Spalte in der Decke dringen gebündelte Sonnenstrahlen in das Innere. Sie reflektieren auf dem Sandboden und hüllen den Durchstich in ein azurblaues Licht.

In solchen Situationen, in denen der Taucher gerne länger verweilen möchte, sei es um Fotos zu machen oder um Lebewesen genauer zu beobachten, lernt man die Vorteile des Strömungstauchens zu schätzen. Wichtig ist aber, daß sich das Team zur vorgegebenen Zeit wieder an der Oberfläche befindet und die Richtung, die ja durch die Strömung vorgegeben ist, einhält. Der Ausgang der „Blauen Grotte", wie ich sie nennen will, führt zur Sandfläche auf der Rückseite des Riffs. Hier können wir noch in aller Ruhe den Sandboden nach Stechrochen oder anderen in diesem Umfeld lebenden Tieren absuchen.

A – Die Palancar Caves sind ein verwinkeltes System von Löchern, Tunneln und Canyons mit Sandgrund.

B – In dieser Landschaft findet der Fotograf viele Plätze, bei denen er sich an Mischlichtaufnahmen üben kann.

C – Ein Ofenrohr-Schwamm scheint neue Lebenskraft zu gewinnen, indem er das Wasser von weit unten ansaugt.

D – Aus einem der zahllosen Schlupfwinkel, die es in diesem Riff gibt, erscheint unvermittelt ein Schwarzer Zackenbarsch (Mycteroperca bonaci).

E – Ein Schwarm Blaustreifen-Grunzer (Haemulon sciurus) *driftet dicht über dem Boden entlang.*

F – Halb in seinem Versteck verborgen, starrt der Gefleckte Kofferfisch (Lactophrys bicaudalis) *den Fotografen an.*

G – Der Signal-Papageifisch (Sparisoma viridis) *durchläuft in seiner Entwicklung verschiedene Färbungsstufen. Zu den farbenprächtigsten gehört diese Livree eines jungen Weibchens.*

H – Auffällig in diesem Bereich der Karibik ist der Reichtum an Karibischen Langusten (Palinurus argus).

COZUMEL: COLUMBIA WALL

von Kurt Amsler

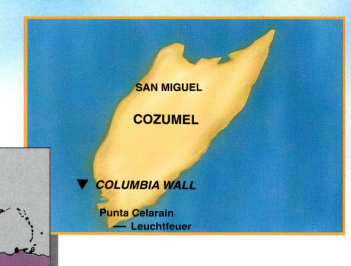

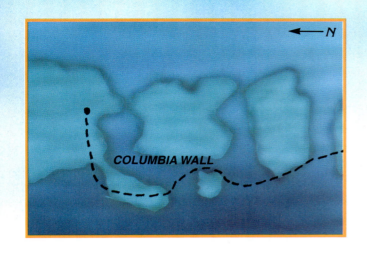
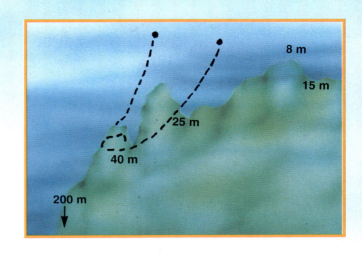

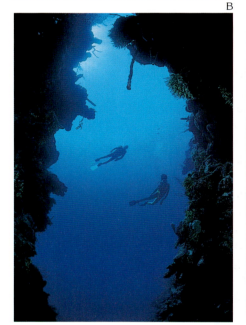

Lage

Columbia Wall liegt zwischen dem südlichen Ende des Palancar Reef und dem Punta Sur Reef. Dieser Tauchplatz hat ein spektakuläres Dropoff, kombiniert mit massiven Korallentürmen, die aus sehr tiefem Wasser bis etwa 18 Meter unter die Wasseroberfläche hochwachsen. Das Riffdach ist an dieser Stelle sehr breit. Es beginnt schon in Tiefen von sechs bis acht Meter und erstreckt sich dann, kontinuierlich abfallend, bis zur Steilwand. Durch das Korallenmassiv winden sich Schluchten und Spalten längs und quer. Das Dropoff fällt dann senkrecht ins Bodenlose ab.

Dieser Tauchplatz zeichnet sich aber nicht nur durch die eindrucksvolle Unterwasserlandschaft, sondern auch durch viele Schwarmfische aus. Der Taucher sieht hier immer große Schwärme von Gelbschwanz-Schnappern, Großaugen-Makrelen und Bermuda-Ruderfischen. Oft werden aber auch Meeresschildkröten, Zackenbarsche verschiedener Arten und Adlerrochen gesichtet. Zu unbestimmten Zeiten kommen auch Karibik-Schwarzspitzenhaie zum Columbia Reef, wo sie dann, wie die Divemaster zu erzählen wissen, für mehrere Wochen bleiben. Die Riffoberfläche, die Schluchten und Überhänge sind reich bewachsen, und an der senkrecht abfallenden Wand stehen große Fächergorgonien. An Schwämmen wächst hier alles. Speziell fallen dem Besucher die Röhrenschwämme in allen Größen und Farben ins Auge.

Die Strömung kann mittelmäßig bis stark sein. Deshalb ist Columbia Wall auch nur ein Platz für erfahrene Taucher. Das Wasser wirkt hier in der Regel sehr klar. Trotzdem sind bei starker Strömung viele kleine Partikel darin enthalten. Auch wenn diese die Weitsicht optisch nicht beeinträchtigen, sind sie ein Problem für den Fotografen. Wird der Blitz zu nahe an der Kamera eingesetzt oder ist er zu stark, dann sind diese Schwebeteile auf den Bildern als weiße Flecken zu sehen.

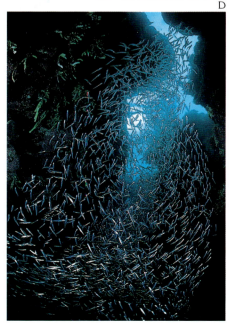

A – Eine Serie von Felsbögen scheint den idealen Weg durch das Labyrinth von Columbia Wall zu weisen.

B – Von der mittelstarken Strömung vorwärtsgetragen und gut austariert, können die Taucher sich darauf konzentrieren, den reichen Bewuchs der Wände zu bewundern.

C – Einschnitte und Canyons erlauben es dem Taucher, ins Riff hineinzuschwimmen.

D – Die größten Kavernen vom Columbia Wall sind mit dichten Schwärmen von Hartkopf-Ährenfischen (Atherinomorus stipes) gefüllt – kleinen Schwarmfischen, die im Amerikanischen treffend „Silversides" genannt werden.

Der Tauchgang

Heute wollen wir einen möglichst großen Teil des Columbia Reef erkunden. Wir haben Enrique, einen Divemaster von Aqua Safari, mit im Team. Er kennt dieses Riff wie seine Hosentasche, was uns einen erlebnisreichen Tauchgang garantiert. Die Tauchzeit wird auf genau eine Stunde festgelegt, wobei wir einem geplanten Tiefenprofil folgen. Über dem Riffdach springen wir über Bord und sind nach wenigen Metern schon bei den ersten Korallenblöcken. Diese ragen an einigen Stellen bis einen Meter unter die Oberfläche auf. In diesem Bereich des Riffs können wir später beim Austauchen länger verweilen. Jetzt beeilen wir uns, das Dropoff zu erreichen. Enrique zeigt unter einen Riffüberhang, wo sich eine ganze Schule von Grauen Schnappern aufhält. Mit großen Augen gucken sie in die Kamera. Jetzt fällt das Riff stufenweise in größere Tiefen ab. Hier am mittleren Teil beträgt die Tiefe schon um fünfzehn Meter herum. Da wir uns anhand von Enriques Zeichnung bereits eine Vorstellung vom Tauchplatz gemacht haben, wissen wir, daß jetzt das Dropoff nicht mehr weit sein kann.

Jetzt, da wir über die Kante schwimmen und unter uns die Wand bodenlos ins Dunkelblaue abfällt, wird die Faszination des Dropoff-Tauchens Realität. Wir lassen uns bis in 30 Meter Tiefe sinken und schwimmen langsam, von einer mittleren Strömung unterstützt, an der Steilwand entlang. Um all die Eindrücke aufzunehmen, wären jetzt Fischaugen wünschenswert! Vor uns wachsen Fächergorgonien und andere Hornkorallen ins freie Wasser, nach oben ergibt die Riffwand mit all ihren bizarren Auswüchsen eine imposante Kulisse, und gleichzeitig muß auch immer ein Blick ins freie Wasser geworfen werden, weil hier oft größere Meeresbewohner auftauchen.

Zu kurz ist die Zeit in der Tiefe. Langsam gewinnen wir an Höhe, um zwischen den einzelnen Riffblöcken die Tunnel und Höhlen zu durchschwimmen. Enrique schlägt einen richtigen Zickzackkurs ein. Durch den einen Canyon geht es nach innen und durch einen anderen Durchgang wieder nach außen. Auch kennt er Querverbindungen, die zum Teil in komplizierten Windungen durchs Riff führen. Alle diese Durchgänge sind aber groß genug, daß ein richtig austarierter Taucher sie durchschwimmen kann, ohne Boden oder Wände zu berühren.

Zurück auf dem Tauchschiff, sind wir richtig euphorisch. Columbia Wall hat sich heute von der besten Seite gezeigt, und wir sind um eine Taucherfahrung reicher geworden.

E – Ein Gefleckter Adlerrochen (Aetobatus narinari) kommt aus einem der Tunnel herausgeflogen. Gemessen bewegt er seine Brustflossen wie Flügel auf und ab.

F – Am Rand des Dropoffs schwingt dieser Wald von Fächergorgonien in der Strömung.

G – Eine große Schildkröte scheint gerade die Taucher bemerkt zu haben und stutzt: Ist diesen Wesen zu trauen? Angesichts der großen Zahl von Tauchern sind die meisten Bewohner dieses Riffs aber nicht sehr scheu.

H – Ein Schwarm Großaugen-Makrelen (Caranx latus) patrouilliert vor der Wand. Häufig nähern sich die Makrelen, angezogen von den Luftblasen und den glitzernden Instrumenten, den Tauchern.

CAYMAN ISLANDS

von Kurt Amsler

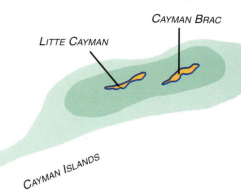

A – Große Seefedern erheben sich vom Sandgrund und wiegen sich in der Strömung. Diese Tierkolonien haben eine ganz andere Bauform als die Fächergorgonien, gehören aber ebenfalls zu den Gorgonien.

B – Immer in Bodennähe stehen die Schwärme der Blaustreifen-Grunzer (Haemulon sciurus).

Die Insel Grand Cayman liegt 480 Meilen südlich von Miami mitten in der Karibischen See zwischen Kuba und Zentralamerika. Auf seiner vierten Fahrt in die Neue Welt im Jahre 1503 entdeckte Christoph Kolumbus durch Zufall die Inselgruppe der Caymans. Er landete auf Little Cayman, das er wegen der vielen Schildkröten „Las Tortugas" nannte. Diese Tiere waren dann auch der Grund, daß die Cayman-Inseln ein beliebtes Ziel der spanischen Seefahrer wurden, die sich hier mit frischem Fleisch eindecken konnten. Spätere Seekarten zeigen die Inseln unter dem Namen „Lagatargos" und im Jahre 1530 dann schließlich unter „Las Cayman", abgeleitet von dem indianischen Wort für kleine Krokodile. Sir Francis Drake, der nach der Plünderung von Santo Domingo auf Cayman halt machte, bezeichnete die Inseln als unbewohnt und bedeckt mit großen Schlangen, „Caymanas" genannt. Von Jamaika aus gelangten die ersten englischen Siedler nach Grand Cayman. Als im Jahre 1713 ein allgemeiner Frieden im karibischen Raum ausgerufen wurde, ließen sich die letzten Freibeuter, darunter auch der berühmte Blackbeard, alle auf Grand Cayman nieder. Kein Wunder, daß noch heute unzählige Geschichten von versteckten Schätzen zirkulieren!

Ein entscheidendes Ereignis geschah im November 1788: Das Leitschiff einer englischen Handelsflotte kollidierte bei auflandigen Winden an der Ostseite der Insel mit dem Riff. Trotz gegebener Warnsignale liefen alle zehn Segler der Flotte auf Grund. Dank der heldenhaften Rettungsaktion der Inselbewohner wurde eine große Katastrophe verhindert. Die großzügige englische Regierung belohnte darauf ihre Kolonie mit „freedom from taxation in perpetuity", also einer Steuerbefreiung von jetzt an bis in alle Ewigkeit! Dieses Entgegenkommen war der Grundstein für die spektakuläre Entwicklung dieser Inseln in neuerer Zeit. Cayman wurde zu einem der führenden Finanzplätze und zog eine große Zahl von Investoren an. Bald waren mehr Firmen und Banken auf Grand Cayman registriert als Einwohner. Dieser finanzielle Aufschwung half natürlich, einen Luxus-Tourismus zu entwickeln: Hotels, Herbergen und Eigentums-Appartements, eine eigene Fluggesellschaft und die beste Tauchinfrastruktur weltweit.

Tauchen auf Grand Cayman

Die Tauchaktivitäten finden rund um die Insel statt, wobei die West Bay am meisten frequentiert wird. Das Riff zieht sich hier am Seven Mile Beach entlang, an dem sich die meisten Hotels befinden. Hervorragende Tauchgründe liegen aber auch an der Nordküste am North Wall West, außerhalb des North Sound. Diese Plätze haben einen längeren Anfahrtsweg und sind deshalb von guten Wetterbedingungen abhängig. East End an der Ostseite der Insel bietet spektakuläre und nur wenig betauchte Plätze.

Die 22 Meilen lange Südseite, South Shore, liegt an ihrem westlichen Teilstück wieder im Bereich aller Tauchschiffe, während der östliche Teil wiederum lange Anfahrtswege nötig macht. Am South Sound von Georgetown bis zu Queen's Monument kann auch von der felsigen Küste aus getaucht werden. Ein hervorragender Platz zum Einsteigen ist das Sunset

House, an dem in der Tauchbasis auch gleich die Flaschen gemietet werden können. Das vorgelagerte Riff ist ein Fischparadies und wird jeden Fotografen begeistern. Im Sunset House Photocenter besteht die Möglichkeit, die

C – Der Fotograf überlegt wohl, aus welcher Perspektive er diese prächtige Gruppe von Röhrenschwämmen aufnehmen soll.

D – Auf der Suche nach Nahrung wirbeln die Amerikanischen Stechrochen (Dasyatis americana) große Sandmengen auf. Diese fallen aber sogleich wieder auf den Grund, ohne das Wasser einzutrüben.

Filme gleich entwickeln zu lassen. An diesem Riff operieren auch die Touristen-U-Boote von Atlantis Submarine Adventures. Mit etwas Glück kann der Taucher sogar einem dieser Tauchboote unter Wasser begegnen.

Die Insel Grand Cayman besitzt 111 benannte Tauchplätze, wovon die meisten mit stationären Bojen, den sogenannten „moorings", versehen sind. Die Vorschriften im Cayman Marine Park sind streng. So ist jegliches Fischen, Jagen und Sammeln untersagt. An den Plätzen ohne Bojen muß der Anker auf dem Sand plaziert werden, und die Divemaster auf den Booten sorgen dafür, daß umweltschonend getaucht wird.

Nach amerikanischem Muster beginnt der Tag mit einem „two-tank trip": Bei einer Bootsausfahrt, die in der Regel drei bis vier Stunden dauert, werden relativ kurz hintereinander ein Tieftauchgang und ein Abstieg ins mittlere oder untiefe Riff absolviert.

Am Nachmittag fahren die Boote dann nochmals zu einem „single-tank dive" hinaus. Das Nachttauchen ist unbedingt zu empfehlen und steht überall auf dem Programm. Viele Basen haben auch größere Schiffe, die für Ganztagestrips eingesetzt werden. Bei solchen Fahrten, die zu den weiter entfernt liegenden Plätzen führen, werden immer drei Abstiege gemacht, wobei auch tiefer und länger getaucht werden kann.

Wer ein schwimmendes Hotel bevorzugt, kann auf einem der sogenannten „liveaboards", einem Tauchkreuzfahrtschiff, in der Inselwelt kreuzen und tauchen, soviel er nur will.

Getaucht wird nach den Regeln der Cayman Islands Watersports Operators Association. Diese Bestimmungen betreffen aber nicht nur die tauchtechnischen Belange, die im Prinzip nicht von den internationalen Standards abweichen, sondern auch die Anforderungen an die Divemaster, Bootsführer und Sicherheits-Ausrüstungen. So arbeiten nur lizenzierte Divemaster und Bootsführer auf den Basen, und alle Schiffe haben Sauerstoff, Funkgerät sowie Erste-Hilfe-Ausrüstung an Bord.

Grand Cayman ist ringsherum von einem Riff eingesäumt, das – mit Ausnahme der riesigen Lagune beim North Sound – sehr nahe an der Küste verläuft. Außer an der sandigen Seven Mile Beach besteht die Küste aus flachen Felsen, die sich unter Wasser fortsetzen. Auch in Cayman wird der Meeresgrund in drei Kategorien unterteilt: „shallow reef", „medium reef" und „deep reef". Am Dropoff, das auch „wall" (die Wand) genannt wird, fällt das Riff senkrecht auf mehrere tausend Meter Tiefe ab. Rechtwinklig zur Riffkante ziehen sich tiefe Schluchten und Höhlen durch das Riff, die reich mit Korallen überwachsen sind und vor allem an ihrem Ausgang zu den Steilabfällen spektakuläre Tauchgründe bieten.

Die ganze Palette der karibischen Fische ist natürlich auch um Grand Cayman herum zu finden, wobei einige Arten so zahlreich vertreten sind, daß man von einem marinen Weltwunder spricht. Dazu gehören „Stingray City" und „Tarpoon Alley". Die Wasserqualität ist hervorragend und bietet Sichtweiten bis zu 50 Meter. Die Temperaturen bleiben das ganze Jahr über ziemlich konstant und bewegen sich um 27 °C im Sommer und 24 Grad im Winter. Die Strömungen um die Insel sind für Taucher problemlos zu meistern, und viele der Plätze sind meistens absolut strömungsfrei.

GRAND CAYMAN: STINGRAY CITY

von Kurt Amsler

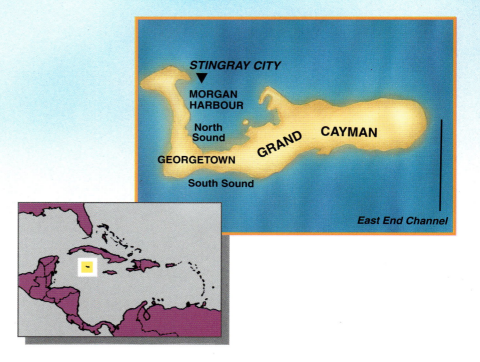

North Sound

STINGRAY CITY

N

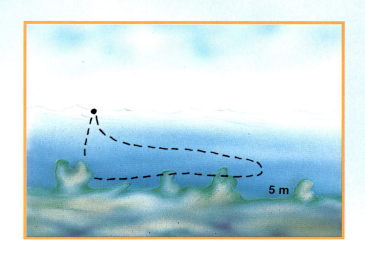

5 m

Lage

Dieser Platz liegt unweit der Einfahrt in den North Sound in der Lagune hinter dem Barriereriff. Es ist eine riesige Sandfläche, nur fünf Meter tief und vor Wind und Wellen geschützt. Fischer haben an dieser Stelle seit Jahrzehnten geankert, um ihren Fang zu sortieren und zu säubern. Schon sie registrierten unzählige Rochen auf dem Sandgrund, die sich an den Fischresten gütlich taten.

Von den Erzählungen der Fischer neugierig geworden, besuchten einige Taucher im Jahre 1987 diesen Platz zum ersten Mal. Sie trauten ihren Augen nicht, als sie von unzähligen Amerikanischen Stechrochen umkreist wurden, die weder Scheu noch Aggressivität zeigten. Schnell war natürlich die Kunde verbreitet, und Stingray City wurde die Tauchattraktion Nummer eins von Grand Cayman. Sofort wurden deshalb Verhaltensregeln für den Besuch des Platzes in Kraft gesetzt. Handschuhe und Tauchermesser sind streng verboten, und das Futter, das nur von den Divemastern mitgebracht werden darf, besteht aus Sardinen oder Tintenfisch. Die Technik des korrekten Fütterns wird genau vorgeführt, bevor die Köder an die Taucher abgegeben werden. Der Taucher muß den Rochen – mit dem Köder in der geschlossenen Faust – an der Nase herum dirigieren und den Köder erst im richtigen Moment freigeben. Viele der ausgewachsenen Tiere sind richtig aufdringlich und lieben es, auf den Köpfen der Taucher reitend, diese mit ihrem Gewicht und ihrer Kraft regelrecht auf den Sandgrund zu drücken. Vor dem giftigen Stachel am Schwanz braucht niemand Angst zu haben: In all den Jahren und bei Tausenden von Besuchern wurde nie jemand verletzt.

Natürlich wurden von Meeresbiologen Untersuchungen angestellt, ob dieser Andrang von Besuchern und das ständige Füttern der Tiere nachteilige Folgen haben könnten. Das ist zum Glück nicht der Fall, im Gegenteil: Von Jahr zu Jahr nimmt die Zahl der Rochen zu.

A – Das ist eines der vielen Tauchboote, die mit Tauchern und Schnorchlern nach Stingray City ausfahren. Die Anfahrt dauert eine halbe Stunde.

B – Weil das Wasser klar und nicht tief ist, kann man die Amerikanischen Stechrochen (Dasyatis americana) bereits von der Oberfläche aus gut erkennen.

C – Die Stechrochen zeigen überhaupt keine Scheu und schwimmen auf der Suche nach Futter dicht an die Taucher heran.

D – Der Sandgrund von Stingray City ist nicht nur die Heimstatt der Stechrochen, sondern hier trifft man auch auf Blaurücken-Makrelen (Carangoides ruber), Streifen-Doktorfische (Acanthurus chirurgus) und Gelbschwanz-Schnapper (Ocyurus chrysurus).

Der Tauchgang

Um lange Anfahrten zu vermeiden, haben viele Tauchbasen ein Boot am North Sound stationiert. Die Fahrt durch die flache Lagune dauert dann nur noch etwa 30 Minuten. Stingray City liegt unmittelbar hinter dem Barriereriff. Gegen Osten öffnet sich der einzige große Riffkanal, der den North Sound mit dem offenen Meer verbindet. Das Wasser hier in der Lagune ist absolut ruhig und klar. Der Grund ist flach, und dunkle Flecken weisen auf einzelne Korallenblöcke hin, die die eintönige weiße Sandfläche beleben. Die Stechrochen, die meine Phantasie während der ganzen Anfahrt beschäftigten, brauchen wir nicht zu suchen. Kaum sind wir im Wasser, kommt eine ganze Gruppe wie eine Flugzeugstaffel angeflattert. Es sind alle Größen vertreten, von ausgewachsenen, riesigen, dunkelgefärbten Exemplaren bis hin zu kleinen, hellen Rochenbabys. Wie große Vögel umkreisen sie uns, und es dauert nicht lange, da haben sie auch schon Kevin als unseren Divemaster ausfindig gemacht, der den Sack mit dem Futter trägt. Er demonstriert den Gästen die Fütterungstechnik, wobei sich seine große Erfahrung im Umgang mit den Tieren bemerkbar macht. Kevin führt selbst die größten und kräftigsten Tiere im wahrsten Sinne des Wortes an der Nase herum, bevor er ihnen den Fisch in das Maul steckt. Man könnte diese Szenen den „Tanz mit dem Rochen" nennen. Eine gute Gelegenheit für die Fotografen und Videofilmer, spektakuläre Aufnahmen zu machen!

Jetzt werden die Köderfische an die Taucher verteilt, die sich ihrerseits als „Dompteure" versuchen. Ich schwimme etwas abseits des Geschehens, um Bilder einzelner Tiere zu schießen. Aus allen Richtungen kommen immer wieder Rochen angeschwommen, selten nur ein Tier alleine, meist sind es drei oder mehr. Da ich kein Futter bei mir habe, verlieren sie aber schnell das Interesse an mir.

Die einzelnen Korallenblöcke, die verstreut auf dem Sandgrund liegen, verdienen übrigens auch Beachtung.

Sie werden von Barschen und großen Muränen bewohnt, die natürlich auch immer wieder Brocken vom Rochenfutter abbekommen und ständig hier leben. Wir sind bei weitem nicht das einzige Boot am Platz: An verschiedenen Stellen sieht man eine Rochenschar Taucher umkreisen, die auf dem Sande kniend Futter verteilen. Trotz der vielen Besucher verläuft der Tauchbetrieb bei Stingray City ruhig und organisiert. Jeder Besucher kommt voll auf seine Rechnung und wird noch lange von diesem marinen Weltwunder erzählen. Stingray City kann von Tauchern aller Ausbildungsstufen, aber auch von Schnorchlern besucht werden.

E – Ein unvergeßliches Erlebnis ist dieses Schwimmen mit den Stechrochen, die ebenso groß sein können wie der Taucher. Das klare, ruhige Wasser ermöglicht auch Schnorchlern diese Begegnung.

F – Einige hundert Stechrochen scheinen hier versammelt zu sein – genug jedenfalls, daß mehrere Boote gleichzeitig ihre Taucher ins Wasser entlassen können.

GRAND CAYMAN: BABYLON

von Kurt Amsler

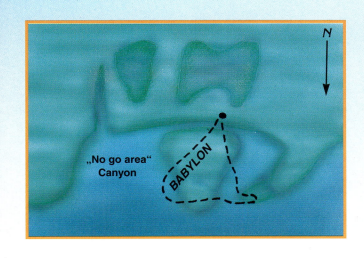
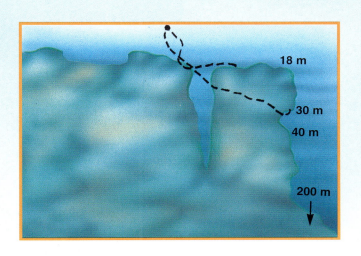

Lage

Dieser Tauchplatz liegt am östlichen Teil des North Wall und gehört deshalb zu den Plätzen, die weniger betaucht werden. Immer mehr Tauchbasen haben aber schon größere Schiffe im North Sound stationiert und bringen die Gäste auch zu diesem Teil der Insel.

Babylon ist ein riesiger, mit Korallen bewachsener Korallenturm, der vor der Steilwand aus der Tiefe emporwächst. Nur ein schmaler Canyon trennt ihn vom Riff. Dieser ist vollkommen mit Hornkorallen zugewachsen und zur „no go area" erklärt

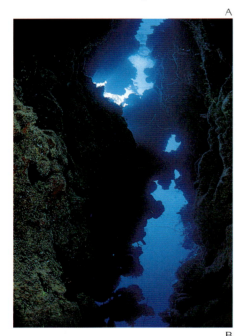

A – Ein schmaler Canyon trennt die riesige Korallenformation, Babylon genannt, vom Riff.

B – Dieser große, etwas fluoreszierende Vasenschwamm hebt sich so plastisch vom tiefen Blau des Wassers ab, daß ein 3-D-Effekt entsteht.

C – Vereinzelte Korallenblöcke auf dem Sandgrund wirken wie kleine Blumenbeete.

D – Der Schwarm von Schulmeister-Schnappern (Lutjanus apodus) bildet eine lebende Wand, die die Sicht versperrt.

worden, um den Bewuchs nicht zu zerstören. Aber schon der Blick von den Seiten in diesen Canyon ist phantastisch. Die Riffplatte liegt, wie auch die Spitze von Babylon, in fünfzehn Meter Tiefe. Von da aus fallen die Wände senkrecht auf über tausend Meter ab. Der immense Korallenturm ist aber nur ein Teil der spektakulären Topographie dieses Tauchplatzes. Wie auf der Karte zu sehen ist, liegt westlich davon eine Plattform, die wie ein überdimensionaler Tisch ins freie Wasser hinaus wächst. Je nach Tauchplan, der immer dem Ausbildungsstand der Gäste angepaßt wird, ist es möglich, einen kurzen Abstecher dort hinunter zu machen. Östlich von Babylon öffnet sich – wie mit einem Messer ins Riff geschnitten – ein großer Canyon, der weit ins Innere der Riffplatte führt. Durch diesen Canyon gelangt man am Ende des Tauchgangs wieder zu der Sandfläche, an der das Tauchschiff den Anker plaziert hat.

Der Korallenbewuchs an Babylon selbst, aber auch am Dropoff ist phantastisch. Riesige, schräg abfallende Salatblatt-Korallen geben dem Bauwerk ein pilzförmiges Aussehen. Schon ab 20 Meter Tiefe wachsen mächtige Büsche von Schwarzen Korallen, und Fächergorgonien erreichen Ausmaße von über zwei Meter. Auf der westlichen Seite von Babylon, in einer Tiefe von etwa 18 Meter, findet der Taucher ausgedehnte Seeanemonenfelder. Auf dem Plateau selbst schwimmen alle Arten von Lebewesen: Kaiserfische, Schwärme von Schnappern, Papagei- und Trompetenfische, und unter den Überhängen stehen in dichtgedrängten Reihen die Langusten. Im Freiwasser entlang des Dropoffs ist aber auch immer etwas los: Schulen von Schwarzen Makrelen kommen in Formationen aus der Tiefe, und Adlerrochen ziehen an der Steilwand dahin.

Der Tauchgang

Gemäß den Vorschriften plazieren die Tauchschiffe ihren Anker auf einer der zwei Sandflächen etwa 40 Meter hinter der Riffkante. Hier beginnen wir den Tauchgang und schwimmen nach Norden Richtung Dropoff. Um die Nullzeit nicht anzugreifen, bleiben wir relativ flach zwischen Grund und Oberfläche. Die horizontale Sicht beträgt etwa 30 Meter, und vor uns zeichnen sich mit tiefblauem Wasser bereits die Riffkante und die birnenförmige Oberseite von Babylon ab. Wir überqueren den Canyon, die Sperrzone, der wie ein geschwungener schwarzer Strich die Riffkante vom Korallenturm trennt, und zur Linken sehen wir das Plateau, das beinahe 40 Meter tief liegt. Der Tauchplan erlaubt uns einen ganz kurzen Besuch dieses monströsen Auswuchses, und anschließend werden wir Babylon inspizieren und den Weg zurück zum Schiff durch den Canyon nehmen. Der optische Eindruck ist überwältigend: Die riesigen, überhängenden Salatblatt-Korallen geben dem Felsen das Aussehen eines monumentalen Bauwerkes, was auch seinen Namen geprägt hat. Es ist mein erster Tauchgang in diesem Bereich der Insel, und ich habe den Eindruck, daß der Bewuchs stärker ist als anderswo. Immer wieder ziehen pelagische Fische – vor allem Stachelmakrelen – vorbei, und über uns schwimmt ein Weißpitzen-Riffhai an der Riffkante entlang. Haie sind keine Spezialität von Grand Cayman, weshalb diese Begegnung besonders interessant ist. Leider ist der Räuber zu weit weg, um ihn bildfüllend auf den Film zu bannen. Mehr Glück habe ich aber bei einer kapitalen Unechten Karettschildkröte, die direkt auf mich zuschwimmt. Der Canyon, durch den wir zum Schiff zurückkehren, ist eine ideale Kulisse für Gegenlichtaufnahmen. Die Tauchpartner müssen dazu über dem Fotografen schwimmen, so daß die markanten Ränder der Schlucht links und rechts auch auf dem Bild sind. Den Sicherheitsstopp machen wir unter dem Boot an der Dekostange, einer beschwerten Stange, die in fünf Meter Tiefe hängt. An ihr sind auch zwei Lungenautomaten mit langen Schläuchen angebracht, damit die Taucher, die knapp an Luft sind, lange genug austauchen und dabei vom Boot aus mit Luft versorgt werden können.

E – *Überraschende Begegnung mit einer Unechten Karettschildkröte* (Eretmochelys imbricata), *die sich am Plateau von Babylon herumtreibt.*

F – *Ein großer Schnapper mit ganz ungewöhnlichem Farbkleid schaut dem Fotografen vom sicheren Eingang seines Unterschlupfes im Riff aus entgegen.*

G – *Über dem blauen Abgrund schwebt eine Schule von Großaugen-Makrelen, die man an ihrer gelben Schwanzflosse erkennt.*

H – *In etwa 20 Meter Tiefe schwimmt ein Männchen des Signal-Papageifisches* (Sparisoma viride), *einer der häufigsten Arten von Papageifischen in der Karibik.*

GRAND CAYMAN: ORANGE CANYON

von Kurt Amsler

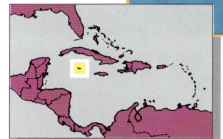
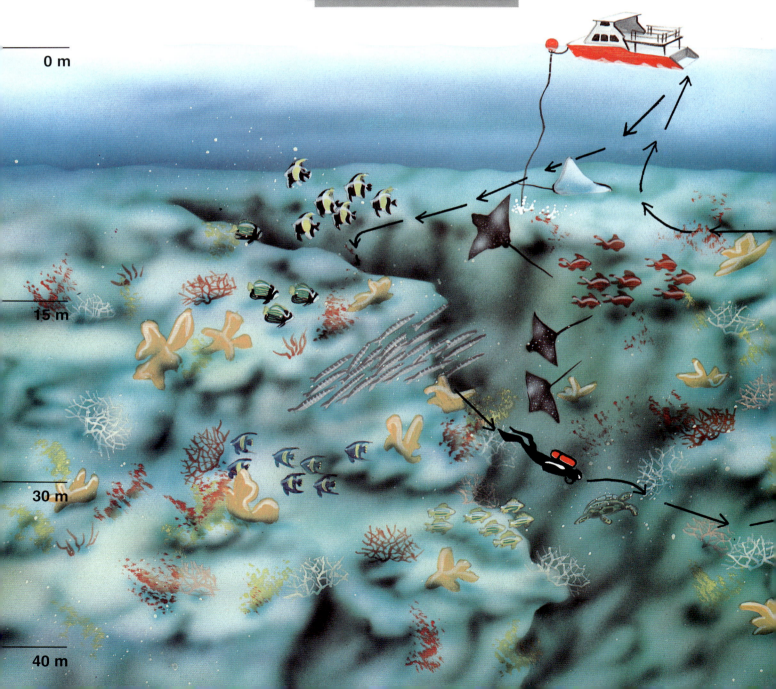

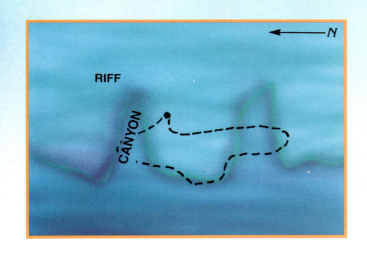
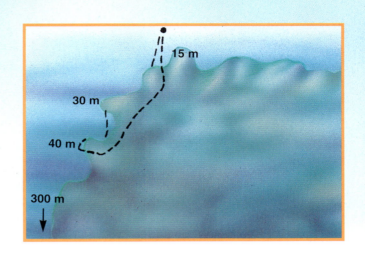

Lage

Dieser Tauchplatz liegt am westlichen Dropoff. Das Riff bildet an dieser Stelle kolossale Balkone und Terrassen, die weit über die einige tausend Meter tief abfallende Steilwand ragen. Die Strömung hier ist in der Regel leicht bis mittelstark. Ein Zeichen dafür sind die großen Gorgonien. Die Wahrzeichen dieses Tauchplatzes, die auch den Namen geprägt haben, sind die vielen orangefarbigen Schwämme. Sie erreichen riesige Ausmaße und sind überall am Riff verteilt.

Es sind aber nicht nur die Schwämme, die diesen Tauchplatz auszeichnen. Ein weitere Attraktion ist eine Gruppe von Ozean-Drückerfischen. Diese eher plump wirkenden Fische, die nur ihre Rücken- und Bauchflossen zum Schwimmen benutzen, pflegen den Tauchern in respektvoller Distanz zu folgen. Über dem fünfzehn Meter tief liegenden Riffplateau zieht immer ein Schwarm von Schulmeister-Schnappern seine Kreise. Auch einige Kaiserfisch-Pärchen leben ständig am Orange Canyon. Sie haben die Scheu vor den Besuchern total verloren und folgen ihnen wie Hündchen. Dem Fotografen können sie aber auch zur Plage werden, weil sie ständig vor der Linse hin und her schwimmen. Am Dropoff, wo der Meeresgrund ins Bodenlose abfällt, lohnt es sich, nach größeren Lebewesen Ausschau zu halten. Vielfach werden hier Barrakudas, Schildkröten, Adlerrochen und Makrelenschwärme gesichtet.

Wie alle anderen Plätze an der Westküste verfügt auch Orange Canyon über eine fest eingerichtete Boje. Den Wert dieser Bojen, die ein Ankern unnötig machen, kann der Besucher speziell hier in Grand Cayman mit eigenen Augen sehen. Obwohl diese Insel weltweit am meisten betaucht wird, sind keine nennenswerten Schäden am Riff zu entdecken. Zu dieser Tatsache trägt natürlich auch das ausnahmslos praktizierte und überwachte, umweltgerechte Tauchen maßgebend bei.

A – Der Reichtum der Lebensformen auf dem Fels kommt einem zum Bewußtsein, wenn man ihn mit der öden Sandoase vergleicht, die mitten im Riff liegt.

B – Orangefarbige Schwämme verschiedener Arten und Formen sind das vorherrschende Merkmal der Unterwasserlandschaft von Orange Canyon. Der Taucher beobachtet einen Grauen Kaiserfisch (Pomacanthus arcuatus).

C – Gorgonien und Schwämme konkurrieren darum, die besten, der Strömung ausgesetzten Plätze zu besetzen. Dieses Arrangement sieht aus, als wolle die Gorgonie die Schwämme bewachen.

D – Gegen die Strömung ausgerichtet, steht ein Schwarm Grunzer praktisch unbeweglich knapp über dem Grund.

Der Tauchgang

Durch seine Lage direkt außerhalb von North West Point ist am Orange Canyon oft mit Strömung zu rechnen. Sie ist nie stark, und die Taucher haben kein Problem, wieder zur Bojenleine zurück zu schwimmen. Tage mit Strömung bieten den Vorteil, daß mehr Fische anzutreffen sind und das Wasser glasklar ist. So ein Tag ist auch heute, und mein Rundblick nach dem Sprung ins Wasser bestätigt dies. Die in etwa fünfzehn Meter Tiefe liegende Riffplatte und die zerklüftete Linie des Dropoffs heben sich brillant und kontrastreich vom tiefblauen Wasser ab. Ein Pärchen der schwarz-gelben Franzosen-Kaiserfische ist bereits zur Stelle, das ein enormes Interesse an dem Objektiv meiner Kamera zeigt. Auch sehe ich einen Schwarm von silbernen Schnappern, der gemächlich auf der Riffoberfläche grast. Dieses Motiv spare ich mir aber für das Ende des Tauchgangs auf. Mein Ziel ist es vorerst, nicht die kleinen Lebewesen, sondern die Schwammlandschaft auf den Film zu bannen. Die Nachmittagssonne steht genau richtig und sendet ihr Licht direkt an den Dropoff, aber auch tief in die beiden Canyons. Hier befinden sich die meisten der riesigen orangefarbigen Schwämme, die man am besten in einem Winkel von 45 Grad zur Oberfläche fotografiert. So entsteht eine enorme Tiefenwirkung, und wenn im Hintergrund ein Taucher durch das blaue Wasser schwimmt, wird das Bild perfekt.

Natürlich haben wir die geplanten Fotos schon an Bord besprochen, damit nicht zuviel Zeit dafür verloren geht und wir noch mehr vom Orange Canyon sehen können. Ich probiere verschiedene Perspektiven aus und habe schnell eine schön gestaffelte Schwammkolonie gefunden. Ganz oben im Bild ist sogar noch das Boot zu sehen, und mein Tauchpartner schwebt wie abgesprochen über dem Riff. Trotz der beiden Kaiserfische, die unermüdlich vor der Kamera hin und her schwimmen, habe ich die Bilder schnell „im Kasten", und wir können mit den weiteren Erkundungen beginnen.

Der Ausgang des Canyons führt direkt an die Steilwand. Die Landschaft hier ist wirklich grandios und erinnert an einen Märchenwald. Die überhängenden Felsen sind voller Hornkorallen und Schwämme, die sich mit ihren leuchtenden Farben gegen das blaue Wasser abheben. Es reizt natürlich ungemein, tiefer zu tauchen! Da wir aber bei den Aufnahmen schon Zeit vergeben haben, unterschreiten wir die 25-Meter-Grenze nicht und bewegen uns, vom Tauchcomputer dirigiert, genau an der Nullzeitgrenze. Ein zweiter Canyon, wenn auch nicht so steil zerklüftet und überwachsen, führt wieder ins Innere des Riffs und von da auf die Riffplatte. Hier in fünfzehn Meter Tiefe setzt der Tauchcomputer sofort die geringere Stickstoffsättigung in Tauchzeit um und erlaubt noch einen Aufenthalt von ganzen vierzehn Minuten. Wir haben also noch Zeit, die flacheren Bereich beim Orange Canyon zu erforschen.

E – Unermüdlich in Bewegung und auf der Suche nach Beute sind die Großaugen-Makrelen (Caranx latus). Man kann sie an ihren gelben Schwanzflossen erkennen.

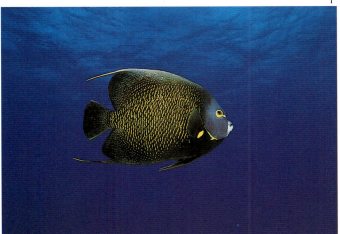

F – Der Franzosen-Kaiserfisch (Pomacanthus paru) gehört zu den schönsten Fischen der Karibik und ist ein beliebtes Motiv bei den Fotografen. Seine Grundfärbung ist schwarz, nur die hinteren Flossenränder sind gelb gesäumt.

G – Silbrig bis auf die Schwanzflosse ist die Grundfärbung des Großen Barrakudas (Sphyraena barracuda). Selten sieht man ausgewachsene Exemplare paarweise durch das Riff patrouillieren.

GRAND CAYMAN: THREE SISTERS

von Kurt Amsler

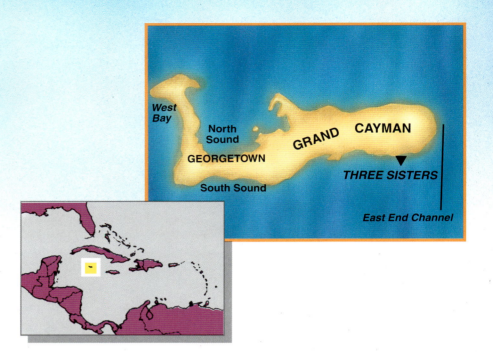

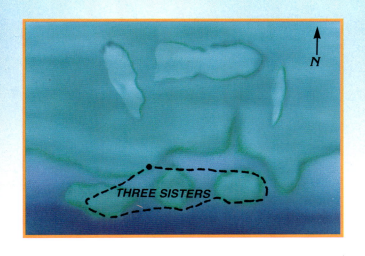
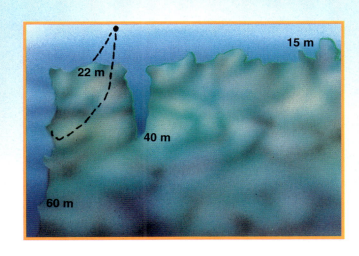

Lage

Dieser Tauchplatz liegt fast am Ende der Südküste, unweit der Ecke, die zum East End Channel führt. Auffallend für diese Seite der Insel ist, daß die Dropoffs tiefer liegen als zum Beispiel am West Wall. So wächst hier bei Three Sisters das Riff nur bis 22 Meter unter die Oberfläche empor. Die Sisters sind drei riesige Felstürme, die frei vor der Riffwand stehen. Es ist möglich, die Canyons dazwischen zu durchschwimmen.

Will der Taucher alle Three Sisters ausgiebig erkunden, muß er den Tauchgang genau planen, da sie über eine Strecke von etwa 80 Meter ver-

teilt liegen. Zusätzlich muß auch noch der Weg vom Boot bis zur Riffkante einkalkuliert werden.

Eine andere Weise, den Platz zu betauchen, ist der Vorstoß direkt durch den Canyon. Dieser Weg ist natürlich spektakulärer, doch führt er tief durchs Riff. Das wiederum geht auf Kosten von Tauchzeit und Atemluft, die dann in der Regel nicht ausreichen, um das ganze Gebiet abzuschwimmen.

Die Sisters sind reich bewachsen. Vor allem brilliert dieser Platz mit vielen Fächergorgonien und verschiedenen Schwammarten. Überall leuchten orangefarbige Elefantenohr-Schwämme, und Röhrenschwämme ragen wie Kanonenrohre ins freie Wasser. An mobilen Lebewesen findet der Besucher die ganze Palette von Fischen und Niederen Tieren ähnlich wie an den anderen Plätzen. Die Chance aber, hier nahe beim East End Channel auch größere Fische wie Adlerrochen, Haie oder andere Meeresräuber zu sichten, besteht immer.

Dieser Platz begeistert den Besucher vor allem durch die bizarre Unterwasserlandschaft, den Bewuchs und das klare Wasser, das in diesem Bereich der Insel fast Standard ist. Bedingt durch die Tiefe und das genaue Einhalten des Tauchplanes sind die Three Sisters nur erfahrenen Tauchern vorbehalten.

Der Tauchgang

Das sogenannte Briefing ist ein wichtiger Teil des Tauchgangs, dessen Wert leider oftmals verkannt wird. Bei dieser Vorstellung des Tauchplatzes durch den Divemaster geht es nicht nur um Zeit und Tiefe, sondern der Taucher hört und sieht auch, was ihn da unten erwartet und wie er es finden kann. Meist dient eine Karte mit dem Verlauf des Riffs als Grundlage. Darin wird der Lageplatz des Bootes eingezeichnet und der schnellste Weg zu den besten Stellen erläutert. An Bord unseres Tauchschiffes war das Briefing so perfekt, daß wir uns problemlos einen auf unsere Bedürfnisse abgestimmten Tauchplan selbst zurechtlegen konnten.

Wir wollen das ganze Gebiet abtauchen, um einen möglichst umfassenden Eindruck von Three Sisters zu erhalten. Der Anker ist mitten auf einer der Sandflächen etwa 40 Meter hinter der Riffkante plaziert, von wo aus wir den Tauchgang starten. Das Ziel ist, die westlich liegende Sister anzutauchen, um dann in östlicher Richtung am Dropoff entlang zur zweiten und zur dritten vorzustoßen. Die Strömung ist nur leicht zu spüren und muß in den Ablauf unseres Tauchganges nicht einbezogen werden.

Von weitem schon sehen wir den kolossalen Felsen aus der Tiefe wachsen. Er ist fast quadratisch und durch ei-

A – Die Felsbastionen am Tauchplatz Three Sisters werden von tief eingeschnittenen Canyons durchbrochen. Deren Wände sind dicht besetzt mit Schwämmen, Fächergorgonien und Schwarzen Korallen.

B – Einer der Canyons führt vom Riffdach direkt zu den vorgelagerten Three Sisters. Er liegt jedoch recht tief, und das kostet Luft und Grundzeit!

C – In mittleren Tiefen stehen gewöhnlich die Seeruten (Plexaurella sp.). Aus etwa 20 Meter Tiefe kann man noch deutlich das Boot erkennen – ein Beweis für die Klarheit des Wassers an diesem Tauchplatz.

D – Diese Gruppe großer Röhrenschwämme läßt einen eher an Säulen denken als an Röhren.

E - Ein großer Schwarm noch nicht voll ausgewachsener Kreolen-Lippfische (Clepticus parrae) tummelt sich auf dem Plateau eines der Türme.

F – Eine Suppenschildkröte (Chelonia mydas) ruht auf dem Sandgrund. Auf ihrem Panzer haben es sich zwei Schiffshalter (Remora remora) bequem gemacht.

G – An diesem Tauchplatz ist es nicht ungewöhnlich, auch die Großfische des Freiwassers zu sichten. Hier ist es ein Karibik-Riffhai (Carcharhinus perezii), der sich neugierig dem Fotografen nähert.

nen tiefen Canyon von der Riffwand getrennt. Wir lassen uns auf das 22 Meter tief liegende Plateau absinken und beginnen die Erkundung. Was mir sogleich ins Auge fällt, sind Schwärme von Kreolen-Lippfischen. Sie sind durchgängig violett gefärbt, stehen also noch in einer Entwicklungsphase, bevor sich das endgültige Farbkleid mit gelbem Hinterteil herausbildet. Unter den überhängenden Salatblatt-Korallen steht ein respektabler Tiger-Barsch.

Wir schwimmen durch den mit Fächergorgonien verzierten Canyon und sehen vor uns ein anderes Tauchteam, das den kürzeren, aber tieferen Weg durch den Canyon gewählt hatte, um das Dropoff zu erreichen. Jetzt können wir auch die zweite der Schwestern sehen. Sie ist schlanker und läuft oben spitz zu, was den Eindruck eines riesigen Fingers erweckt. Auch an ihr wächst eine Gorgonie neben der anderen, die gegen die über uns stehende Sonne fantastische Silhouetten abgeben. Unter mir fällt der Meeresgrund ins Bodenlose ab, und ich genieße es, einfach so im Freiwasser zu schweben und die Impressionen auf mich wirken zu lassen. Hier könnte man stundenlang verweilen – wenn da nicht die Zeit wäre, die uns Taucher immer wieder auf den Boden der Realität zurückbringt.

Der Weg zur dritten Schwester ist doch länger als erwartet. Da wir schon lange auf Tiefe waren, ist nur noch Zeit für die Besichtigung der in 22 Meter Tiefe liegenden Oberseite. Keines der anderen Tauchteams scheint hier vorbeigekommen zu sein, denn ungestört schlafen zwei Suppenschildkröten inmitten der Hornkorallen.

Meeresschildkröten sind erfreulicherweise in Grand Cayman wieder häufig anzutreffen, obwohl diese Tiere in der Vergangenheit nahezu ausgerottet wurden, zuerst durch die Seefahrer, dann durch die unrühmliche Existenz der Cayman Turtle Farm. Unter diesem Decknamen wurden den Tieren die Eier weggenommen, ausgebrütet und bis zur Schlachtreife hochgefüttert. Mit der Einstufung der Meeresschildkröten als vom Aussterben bedrohte Tierart – und dank den Importverboten vieler Länder – verlor die Farm international an Bedeutung. Als sehr zweifelhafte Touristenattraktion fungiert sie leider aber noch immer und bietet Souvenirs und Steaks aus Meeresschildkröten an. Einen Besuch oder gar Kauf solcher Produkte sollten Taucher und Tierfreunde unterlassen, um nicht zum weiteren Bestehen der Farm beizutragen! Obwohl die Meeresschildkröten Lungen besitzen und zum Atmen an die Oberfläche müssen, scheinen es die zwei Exemplare vor uns länger auszuhalten als wir. Ein Blick auf die Instrumente macht uns unmißverständlich klar: zurück zum Boot!

BELIZE

von Kurt Amsler

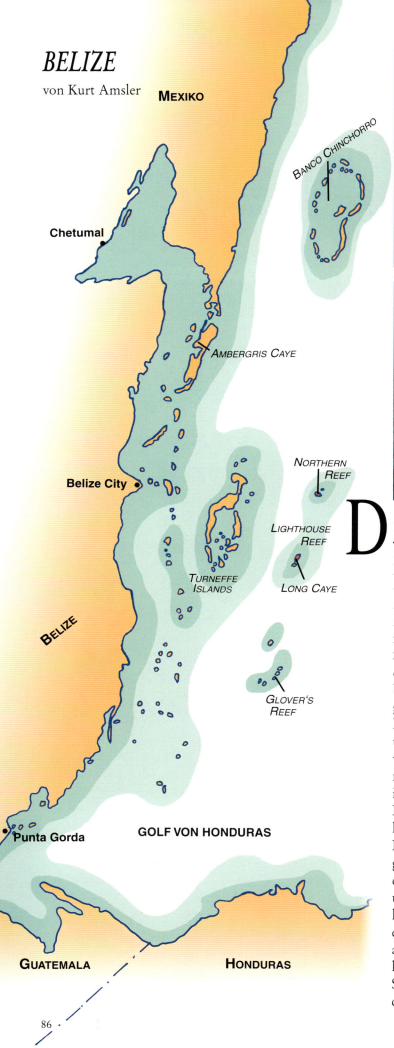

Dieses kleine Land, bis vor wenigen Jahren noch Britisch-Honduras genannt, liegt an der karibischen Küste Mittelamerikas. Die Fläche beträgt etwa 23 000 Quadratkilometer, und nur 180 000 Menschen leben hier. Der nördliche Teil des Landes ist relativ flach mit dichten Wäldern und Sumpfgebieten. Im Süden dominieren die Maya- und Cockscomb-Berge neben weiten Grasflächen. Das vorgelagerte Barriereriff ist nach dem australischen das zweitgrößte auf der Welt und erstreckt sich 300 Kilometer lang vor der Küste. Östlich davon, im offenen Ozean, befinden sich noch drei isoliert gelegene, Atollen ähnelnde Riffgebiete: Turneffe Island, Lighthouse Reef und Glover's Reef.

Das heutige Staatsgebiet von Belize gehörte früher zum Maya-Imperium der klassischen Periode zwischen 300 und 900 nach Christus. Obwohl Kolumbus 1502 die Bucht von Honduras erforschte, setzte er hier keinen Fuß an Land. Die europäische Besetzung kam erst 1638 durch schiffbrüchige Seeleute und Piraten, später auch durch Auswanderer von der briti-

A – Das Belize vorgelagerte Barriereriff trägt zahlreiche kleine Inseln und Inselchen, die Cays. Sie sind mit Kokospalmen und Mangroven bestanden. Das dichte Wurzelwerk der Mangroven ist für viele marine Tiere der Lebensraum, in dem sie aufwachsen, bis sie groß genug sind, um den Lebenskampf im freien Wasser aufzunehmen.

B – Hier entsteht wohl ein neues Cay. Wenn sich auf einer Sandbank einmal Vegetation niedergelassen hat, halten die Wurzeln den Sand fest, so daß er von den Wellen nicht mehr so leicht weggespült werden kann.

schen Kolonie Jamaika. Das Interesse der Siedler galt vor allem dem reichen Vorkommen an Mahagoni- und Hartholz, so daß sich im 18. Jahrhundert eine florierende Holzindustrie entwickelte.

Die „Baymen", wie sich die Bevölkerung an der Moskitoküste nannte, wurden von den Spaniern, die im Norden wie auch im Süden des Landes Nachbarn waren, immer wieder bekämpft. Nach einer letzten Schlacht bei St. George's Caye, aus der die schlauen „Baymen" wiederum als Sieger hervorgingen, fanden die Feindseligkeiten auf diplomatischem Wege ein Ende. Das Land wurde unter dem Namen Britisch-Honduras in die englische Kolonie Jamaika eingegliedert. Belize ist seit 1981 – als Mitglied im Commonwealth – ein selbständiger Staat.

Die Küste von Belize ist für den Tauchsport geradezu prädestiniert. An dem 15 bis 30 Kilometer vor dem Festland verlaufenden Barriereriff befinden sich rund 300 Kilometer Riffgebiete mit zum Teil unberührter Unterwasserwelt. Das Riff ist ein gigantischer Wall, der sich parallel zur Küste entlangzieht. Zwischen Riff und Festland ist das Wasser flach und sandig, und auf dem Riff thronen viele mit Mangroven bewachsene Inselchen, die Cays. Gegen Osten trennt dann ein tiefer Meeresgraben das Riff von drei Riff-Atollen, dem Turneffe, Glover's und Lighthouse Reef, die wohl die besten Tauchgründe bieten. Die Fauna und Flora in den Gewässern von Belize sind vergleichbar mit den üblichen karibischen Riffsystemen. Doch gibt es auch hier individuelle Unterschiede in Arten, Verhalten und Vorkommen der Lebewesen. Da existieren Plätze, an denen sich jährlich einmal Tausende von Zackenbarsche paaren, sich Stechrochen für die Hochzeitsreise versammeln oder regelmäßig wilde Delphine den Kontakt zum Taucher suchen. Die Lage der Riffe, weit draußen im strömungsreichen Ozean, hat einen reichen und vielfältigen Korallen- und Schwammbewuchs zur Folge. Taucht man an den äußeren Atoll-Riffen, dann begeistern die gewaltigen Steilabfälle, die Dropoffs, die über 1000 Meter in die Tiefe abfallen.

Die Wassertemperaturen sind das ganze Jahr über ziemlich konstant. Sie schwanken zwischen 23 bis 25 Grad im Winter und 25 bis 28 Grad im Sommer. Ein dünner Neoprenanzug reicht deshalb als Kälteschutz aus. Praktisch alle Touristen-Ressorts auf den Inseln entlang des Barriereriffs und auf den Riff-Atollen besitzen eine Tauchbasis, die die Gäste in Halb- oder Ganztagstrips zu den Tauchplätzen bringt. Auch speziell ausgerüstete Kreuzfahrtschiffe, die sogenannten „liveaboards", befahren diese Gewässer.

Das Tauchen basiert in Bezug auf Ausrüstung, Sicherheit und Planung auf amerikanischen Standards. Auf den meisten Schiffen herrscht die „no glove rule", und eine perfekte Tarierung, um Kontakt mit dem Riff zu vermeiden, ist Voraussetzung für die Teilnahme an den Ausfahrten. Das Sammeln von allem, was sich auf dem Meeresboden befindet, ist verboten.

C – Der Graue Kaiserfisch (Pomacanthus arcuatus) wird bis zu 50 Zentimeter lang und ist damit die größte Art aus der Familie in den karibischen Gewässern.

D – Die Tauchplätze an den vorgelagerten Riff-Atollen zeichnen sich in der Regel durch sehr klares Wasser aus. Sie sind vom Barriereriff durch einen tiefen Graben getrennt, und ihre Dropoffs fallen Hunderte von Metern senkrecht in die Tiefe.

LIGHTHOUSE REEF: GIANT BLUE HOLE

von Kurt Amsler

40 m

145 m
↓

Lage

„Blaue Löcher" sind in der Karibik recht zahlreich, so zum Beispiel auf und bei den Bahamas-Inseln Andros oder Grand Bahama. Das größte dieser Blue Holes aber liegt ziemlich genau im Zentrum des Lighthouse Reef. Entstanden sind diese Gebilde als Karsthöhlen während der Eiszeiten, als die Sandsteingebirge trocken lagen und große Wassermengen sie aushöhlten. Daß diese Höhlen einst trocken gelegen haben müssen, beweisen die Stalaktiten und Stalagmiten, die der Taucher auch im Blue Hole von Belize findet. Als später der Meeresspiegel das ganze Gebiet wieder überflutete, brach irgendwann einmal die Decke mancher Höhlen ein und hinterließ eine für die sogenannten „sinkholes" typische, kreisrunde Öffnung. Im Jahre 1972 lüftete der große Meeresforscher Jacques-Yves Cousteau das Geheimnis des Blauen Lochs. Er manövrierte in einem waghalsigen Unternehmen seine „Calypso" durch die umliegenden Flachriffe über das Blue Hole und untersuchte es mit Mini-Unterseebooten, den „Fliegenden Untertassen", bis zum Grund. Das Gerücht, Cousteau habe Dynamit verwendet, um sich einen Weg zum Blauen Loch durchs Riff zu sprengen, trifft nicht zu. Das Blue Hole hat zwei natürliche Einfahrten, durch die kleinere Tauchschiffe ein- und ausfahren können.

Das Blue Hole hat einen Durchmesser von etwa 400 Meter und ist 145 Meter tief. Die Wände fallen senkrecht ab, und unter den Überhängen in 40 Meter Tiefe findet der Taucher die riesigen, teilweise über drei Meter langen Stalaktiten, die wie überdimensionale Tannenzapfen von der Decke hängen. An Lebewesen hat das Blue Hole nichts Spezielles zu bieten. Aber darin liegt auch nicht die Faszination dieses Tauchplatzes. Es ist vielmehr der Vorstoß in die Vergangenheit sowohl der Erde als auch des Tauchens, der beim Besucher einen unbeschreiblichen Eindruck hinterläßt.

Weil der Tauchgang in eine Tiefe von über 40 Meter führt sowie über 145

A – Das Blue Hole erscheint aus der Luft als ein kreisrunder, dunkelblauer Fleck mitten im Hellblau des Flachwassers. Man ist versucht, es als das Ergebnis eines uralten Zauberwerks zu betrachten – und eben dieser Zauber zieht die Taucher an.

B – In 40 Meter Tiefe sind die ersten Überhänge, an denen sich riesige Stalaktiten gebildet hatten.

C – Tauchen im Blue Hole bedeutet die Begegnung mit einer weit zurückliegenden Vergangenheit. Während der letzten Eiszeiten lag der Meeresspiegel tiefer, und in dieser Zeit wurden im Kalksteingebirge Höhlen ausgewaschen.

D – Nur wenig Licht dringt noch in diese Tiefe vor. Lampen sind unbedingt erforderlich.

E – Der riesige Stalaktit scheint von seinem eigenen Gewicht in die unergründliche Tiefe unter sich gezogen zu werden.

F – Wie bei einer trocken liegenden Höhle die Echos und Geräusche, so faszinieren im Blue Hole die Lichtspiele von Umgebungslicht und Taucherlampen.

G, H – Beim Tauchen in dieser Tiefe und ungewöhnlichen Umgebung mischen sich die Erregung über das Erlebnis und die ersten Anzeichen des Tiefenrauschs. Deshalb sollten sich nur erfahrene Taucher in das Blue Hole wagen.

Meter tiefem Wasser stattfindet, sind erhöhte Anforderungen an die Taucher zu stellen. Vor dem Tauchgang werden Ablauf, Grundzeit und Tiefengrenze genau gebrieft, und in der Regel werden die Tauchgänge von Divemastern begleitet.

Viel Licht dringt durch das runde Loch nicht mehr in die Tiefe vor. Je nach Tageszeit oder Wetterlage kann es ab einer bestimmten Tiefe sogar düster bis dunkel sein. Eine Lampe sollte mitgebracht werden, die aber nicht nur dazu dient, die riesigen Stalaktiten genauer zu betrachten, sondern auch zur Sicherheit beiträgt, weil der Taucher so gesehen wird. Fotografen verwenden am besten Filme

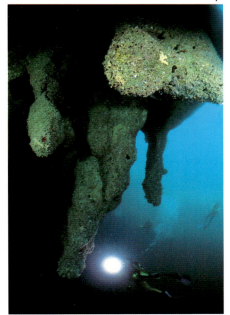

mit 200 ASA/ISO, um noch Spuren vom Umgebungslicht aufzufangen. Zu starkes Blitzlicht darf aber keinesfalls verwendet werden, weil durch die aufsteigenden Luftblasen immer Schwebeteile von der Decke fallen. Diese Partikel sind dann später als weiße Flecken auf dem Foto zu sehen. Videofilmer müssen unbedingt Kunstlicht einsetzen, da sie sonst nur Silhouetten der Stalaktitenlandschaft erhalten.

Der Tauchgang

Wir besuchen die Stalaktiten an der Nordwestseite des Blue Holes. Diese Stelle liegt unweit der nördlichen Einfahrt. Auf dem leicht abfallenden Sandboden dieses Kanals werden wir den Tauchgang nachher auch beenden – ein idealer Platz für den Sicherheitsstopp nach dem Vorstoß in die Tiefe. Die Abstiegsstelle ist in der Regel mit einer kleinen Boje gekennzeichnet, deren Leine bis zum Steilhang führt. Von da aus beginnt der Abstieg ins dunkle, tiefe Blue Hole. Große Aufmerksamkeit schenken wir einer perfekten Tarierung, schließlich schweben wir über einem fast 150 Meter tiefen Abgrund.

Die Wände sind im Vergleich zu freiliegenden Riffwänden kahl und nur mit einer harten, braungrünen Algenart überkrustet. Obwohl über uns der schönste Sonnenschein herrscht, ist es ab 30 Meter bereits sehr dunkel. Wir schalten die UW-Lampen ein. Vierzig Meter Tiefe! Wir sehen die schwarze Linie des Überhanges, unter dem die Stalaktitenlandschaft beginnt. Jeder Taucher der Gruppe tariert sich noch einmal exakt aus, und langsam schwimmen wir ins Dunkel. Die Strahlenbündel der Lampen werfen ein gespenstisches Licht auf riesige, von der Decke herabhängende, zapfenförmige Gebilde. Einige sind wie Korkenzieher gedreht, andere wiederum haben knollige, weit abstehende Auswüchse. Es ist ein phantastischer Anblick!

Gepaart mit dem schon leicht spürbaren Tiefenrausch wird dieser Eindruck zu einem unvergeßlichen Erlebnis. Natürlich vergeht die Grundzeit viel zu rasch, aber der vereinbarte Tauchplan zwingt zum Aufstieg.

Langsam schwimmen wir wieder zur Kante des Überhanges, um den Aufstieg zu beginnen. Das Austauchen findet auf dem leicht abfallenden Sandboden des natürlichen Durchstichs im Riffgürtel statt. Hier an der von der Sonne durchfluteten Außenwelt herrscht wieder Leben, so weit das Auge reicht. Auf dem vier bis sechs Meter tiefen Flachriff können wir noch lange Zeit verweilen. Doch die Zeit wird nicht ausreichen, um den Eindruck zu verdauen, den das große Blue Hole von Belize hinterlassen hat.

LONG CAY: LONG CAY AQUARIUM

von Kurt Amsler

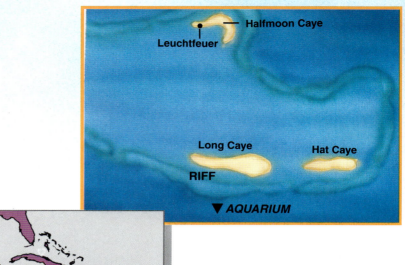

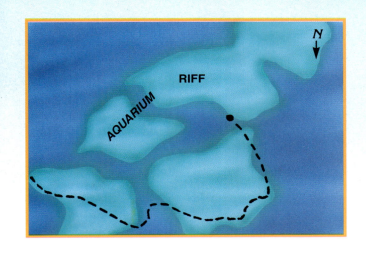
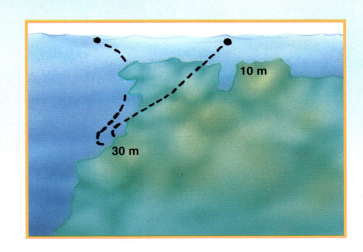

A – Long Cay ist vollständig mit dichter Vegetation überwuchert, die bis an die Strände mit weißem Korallensand reicht. Hier gibt es nur einfache Unterkünfte, in denen man für ein paar Tage „Robinson" spielen kann.

B – Im Flachbereich vor dem Dropoff erheben sich aus dem Sandgrund einzelne Korallenstöcke, die mit Schwämmen, Seefedern und fächerförmigen Gorgonien bestanden sind.

C – Die großen Korallenformationen an der Riffkante sind ein idealer Standort für diese leuchtend roten Seilschwämme (Aplysina sp.).

D – Im Flachbereich, den man direkt vom Strand aus erreichen kann, entfaltet sich das Leben besonders reich.

E – Ein Pärchen Graue Kaiserfische (Pomacanthus arcuatus) schwimmt dicht an der Riffkante. Diese Fische sind nicht scheu und nähern sich häufig neugierig dem Taucher.

Lage

Diese Stelle erhielt ihren Namen wegen der Vielzahl verschiedener Fische und der Farbenpracht des Bewuchses. Hier muß auch nicht tief getaucht werden, denn das Riffdach liegt nur zehn Meter tief. Das Aquarium ist nur einer der vielen Top-Plätze der Riffbarriere westlich von Long Cay. Die Insel selbst ist ein langgezogenes, flaches Eiland, vollständig mit Mangroven und Buschwerk bewachsen. Dazwischen schlängeln sich unzählige Brackwasserläufe, die beliebte Brutstätten von Moskitos sind (Insektenschutzmittel mitbringen!). Ein Tourist-Ressort gibt es hier nicht. Eine Tauchbasis aus dem nördlich ge-

legenen Ambergris Cay bringt aber regelmäßig Gäste für einige Tage auf die Inseln und hat hier einfache Unterkünfte in Form von Strohhütten und Zelten aufgebaut.

Das Wasser um Long Cay ist in der Regel glasklar und dank der ständigen leichten Strömung reich an Plankton und Futter. Das ist wohl der Grund dafür, daß hier alle Fischarten in Mengen zu finden sind. Die Topographie des Meeresbodens kommt dem Taucher insofern entgegen, als das Riffdach nicht tief liegt und das Dropoff schon in zehn Meter Tiefe beginnt. Dann aber fällt die Wand, von einigen kleinen Plateaus und weit hervorstehenden Pilzkorallen unterbrochen, senkrecht ins Bodenlose ab. Beim Tauchen entlang der Steilwand sollte unbedingt immer wieder ein Blick ins freie Wasser geworfen werden. Große Schwärme von Stachelmakrelen, manchmal Haie, aber auch Adlerrochen patrouillieren an der Wand entlang.

Die Riffbarriere wird immer wieder von canyonartigen Einschnitten unterbrochen, die teilweise von Korallen überdacht werden oder richtige Tunnel bilden. An Fischen dominieren hier die Grauen Kaiserfische, die schwarz-gelben Franzosen-Kaiserfische und die blau-gelb schillernden Diadem-Kaiserfische. Ein lohnendes Foto- oder Filmmotiv sind auch die Schwärme von Blauen Chromis, die in lockeren Formationen über die Korallen gaukeln und in schönstem Blauviolett schillern.

In den Canyons leben Grüne Muränen, und unter den überhängenden Korallenstöcken stehen Langstachel-Husaren. Auf dem Riffdach ziehen Schwärme von Blaustreifen-Grunzern dahin, und dazwischen huschen die Papageifische geschäftig durcheinander.

Der Tauchgang

Verlassen wir die Boje und schwimmen wir nach Westen in Richtung Dropoff. Dem klassischen Tauchprofil folgend, wird die größte Tiefe zuerst aufgesucht, um dann langsam wieder aufzusteigen. Wie mit dem Messer abgeschnitten, fällt vor uns der Meeresgrund steil ab, eine senkrechte Wand, bewachsen mit Hornkorallen, Schwämmen und weit herausragenden Pilzkorallen. Wie Fallschirmspringer schweben wir in die Tiefe – ein unbeschreibliches Gefühl! In 30 Meter Tiefe wird sauber austariert, Zeit und Luftvorrat kontrolliert.

Da die Strömung nach Süden zieht, beginnen wir den Tauchgang in die entgegengesetzte Richtung. Enorme Büsche von Schwarzen Korallen wachsen hier ins freie Wasser hinaus. Sie sind im lebenden Zustand nicht etwa schwarz, sondern braunrot gefärbt. Gewaltige Röhrenschwämme versperren dem Tauchern beinahe den Weg. Einige Exemplare sind über zwei Meter lang und wiegen sich wie riesige Fächer sachte in der Strömung. Immer wieder werfen wir einen Blick ins freie Wasser: Die Chance, Großfische zu sehen, ist an diesem Riff groß. Und richtig – ein großer Adlerrochen gleitet majestätisch, mit trägen Flügelschlägen, vorbei. Langsam gewinnen wir wieder an Höhe und registrieren, daß es hier im Tiefenbereich von fünfzehn Meter im Gegensatz zum tieferen Wasser viel mehr Fische gibt. Vor uns öffnet sich eine Schlucht in der Riffwand, die in einem richtigen Tunnel endet. Vorsichtig, um keinen Sand aufzuwirbeln oder den Bewuchs zu berühren, schwimmen wir hindurch und finden uns auf einer weiten, hellen Sandfläche hinter dem Riff wieder. Wir liegen genau in der geplanten Tauchzeit und können jetzt noch, um die Stunde Tauchzeit vollzumachen, den flacheren Bereich des Riffdachs erforschen.

F – *In geschützten Bereichen des Riffs begegnet man den silberglitzernden Tarpunen* (Megalops atlanticus).

G – *Im Freiwasser vor dem Dropoff stehen die großen Schwärme der Großaugen-Makrelen* (Caranx latus), *zu denen sich hier die gelbgestreiften Regenbogen-Makrelen* (Elegatis bipinnulatus) *gesellt haben.*

H – *Unverkennbar mit seiner gelben Zeichnung an den Schuppen, den gelb umrandeten Augen sowie dem gelben Fleck auf dem Kiemendeckel ist der Franzosen-Kaiserfisch* (Pomacanthus paru).

LIGHTHOUSE REEF: HALFMOON WALL

von Kurt Amsler

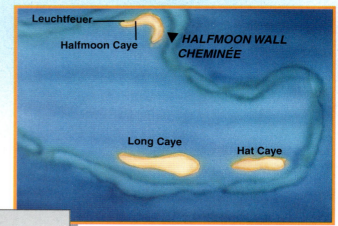

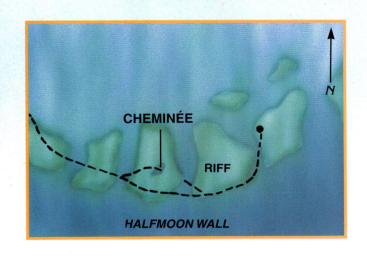
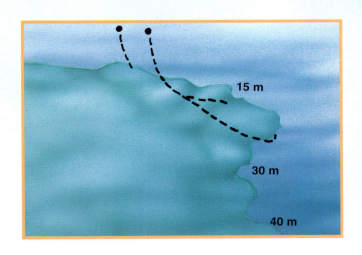

Lage

Der südöstliche Teil des Lighthouse Reef bietet nicht nur hervorragende Tauchplätze, sondern auch ein idyllisches, palmenbesetztes Inselchen mit einem Leuchtturm. Halfmoon Cay, wie das Eiland seiner Form wegen genannt wird, birgt auch ein Vogelreservat. In den Bäumen und Büschen des südlichen Teiles brüten Tausende von Rotfuß-Tölpeln und Fregattvögeln. Außer ihnen wurden auf dieser Insel weitere 98 Vogelarten registriert. Halfmoon Cay wird von einem Leuchtturmwärter bewohnt, der zugleich auch der Aufseher des Vogelreservats ist und ein Auge auf die Besucher hat. Von ihm wurde auch die Plattform gebaut, die über die Baumwipfel ragt und von der aus sehr gut die brütenden Tölpel und kreisenden Fregattvögel beobachtet werden können. Für gute Vogelbilder empfiehlt sich ein Teleobjektiv mit mindestens 200 Millimeter Brennweite.

Der Tauchplatz, der wegen seines kaminartigen Durchstichs „Chimney" (Schornstein) genannt wird, liegt außerhalb der südlichen Rundung der Insel am sogenannten Halfmoon Wall. Eine flache Sandfläche liegt zwischen der Insel und dem Riffgürtel, der hier relativ schmal ist. Das hat den Vorteil, daß nach dem Tauchgang am Dropoff die weniger tief liegende Hinterseite des Riffs auch noch erforscht werden kann. Da leben im Sand Hunderte von Röhrenaalen, die von weitem den Eindruck erwecken, ein Feld voller großer Spargel wiege sich in der Dünung. Auf dieser Sandfläche findet der Taucher auch große Stechrochen, die sich zum Schlafen im Sandgrund eingegraben haben.

Die Abbruchkante liegt in fünfzehn Meter Tiefe, und mehrere Einschnitte führen direkt zur Riffwand. Der Steilabfall am Halfmoon Wall ist auf der ganzen Länge spektakulär und hat den Vorteil, daß er wegen seiner ostwestlichen Ausrichtung fast den ganzen Tag im Sonnenlicht liegt. Da ab und zu recht starke Strömungen um diese Ecke des Ligthhouse Reef ziehen, weist die Wand einen reichen Bewuchs auf. Wälder von Hornkorallen schmücken das Riffdach, und die Abbruchkante ist mit Schwämmen, Schwarzen Korallen und Gorgonien bestanden, so daß sich der Besucher in eine Märchenwelt versetzt fühlt.

Eine weitere Attraktion ist der Kamin. Dieser natürliche Tunnel im Riff kann problemlos durchschwommen werden, wenn sich der Taucher trotz der Enge, der Abgeschiedenheit und der Dunkelheit, denen man auf einer kurzen Strecke ausgesetzt ist, diese Passage zutraut. Am besten taucht man aus 30 Meter Tiefe zum Ausgang hoch, der

A – Nirgendwo anders als in der Karibik sind die Gorgonien derart vielfältig. Das gilt sowohl für die Arten als auch für die unterschiedlichen Wuchsformen.

B – Halfmoon Cay, der Name dieser idyllischen Insel, ist voll gerechtfertigt. Sie trägt einen Leuchtturm. Dennoch ist das Schiff im Hintergrund offenbar an der Korallenbarriere gescheitert.

C – Die zahllosen Lebensformen bilden zusammen einen farbenprächtigen, kaum unterscheidbaren Dschungel.

D – Gut genährt von den Strömungen, haben sich diese Seefedern (Pseudopterogorgia sp.) derart üppig entwickelt, daß sie den gesamten Korallenblock überwuchert haben.

E – Auch die Anwesenheit so zahlreicher Großaugen-Makrelen (Caranx latus) ist ein Anzeichen für den Reichtum der Gewässer um diese Insel herum.

F – Echte Karetten (Eretmochelys imbricata) sind in der Karibik nicht selten. Der Taucher bekommt sie allerdings nicht sehr häufig zu Gesicht.

G – Die verzweigten Wuchsformen der Schwämme findet man vorzugsweise an den schattigsten Stellen des Riffs.

H – Auf den weiten Sandflächen hinter dem Riffgürtel stößt man auf zahlreiche Amerikanische Stechrochen (Dasyatis americana). Wenn sie ruhen, vergraben sie sich im Sandgrund, und nur ihre Augen und die Spritzlöcher schauen heraus. Bei Annäherung des Tauchers schütteln sie ihre Sanddecke ab und entfernen sich.

fünfzehn Meter tief liegt. Das ist nicht nur tauchtechnisch richtig, sondern auch der optische Eindruck, den einfallenden Lichtstrahlen entgegenzuschwimmen, ist um vieles stärker als beim Tauchen in umgekehrte Richtung.

An Fischen leben hier alle bekannten Arten. Oft werden Weißspitzen-Hochseehaie gesichtet, aber auch Meeresschildkröten, die auf Halfmoon Cay ihre Eier ablegen, sind nicht selten. Eine Besonderheit sind die Schwämme! Speziell auf der Rückseite des Riffs, wo die weite Sandfläche beginnt, wachsen gigantische Faßschwämme. Einige erreichen derartige Größen, daß sogar ein Taucher darin Platz hätte.

Der Tauchgang

Beginnen wir den Tauchgang auf der Sandfläche hinter dem Riffgürtel! Wir schwimmen durch einen der Canyons zum Dropoff. An einigen Stellen ist die enge Schlucht über uns durch Hornkorallen und hervorstehende Steinkorallen vollkommen überdeckt. Das Wasser ist glasklar. Vor uns öffnet sich der Ausgang zur Steilwand, und wir blicken ins Freiwasser, das in einem unbeschreiblich tiefen Blau schimmert.

Wir haben Glück: Im gleichen Moment, in dem meine Tauchpartner sich in die Tiefe fallen lassen wollen, kommt von dort ein großer Schwarm Stachelmakrelen hochgeschwommen. Es sind sicher an die hundert Tiere, auf deren prallen Körpern sich die einfallenden Sonnenstrahlen reflektieren.

Wir lassen uns, ständig austarierend, in die geplante Tiefe von 40 Meter sinken und schwimmen entlang der Steilwand in östlicher Richtung. Das Dropoff ist an vielen Stellen überhängend und bietet beim Hochschauen eine spektakuläre Kulisse gegen die helle Oberfläche. In dem Licht von starken Scheinwerfern zeigt der Korallenbewuchs seine wahre Farbenpracht. Röhrenschwämme, die in der Dämmerung der Tiefe einen bräunlichen Farbton aufweisen, erwachen zu einem leuchtenden Rot, und Fächergorgonien, die zuvor unscheinbar grünlich erschienen, blitzen nun in einem kräftigen Gelborange auf.

Nur zu schnell vergeht die Zeit in der Tiefe, und wir beginnen mit dem Aufstieg. Durch einen der vielen Durchbrüche im Riff werden wir jetzt auf die dahinter liegende Sandfläche schwimmen, um die Sandaale zu beobachten und nach den schlafenden Stechrochen Ausschau zu halten – ein unterhaltsamer Sicherheitsstopp!

DIE BAY ISLANDS VON HONDURAS

von Kurt Amsler

Die Bay Islands (spanisch Islas Bahias) liegen 40 Meilen vor der Nordküste von Honduras im offenen Meer, entstanden als Ergebnis von Vulkantätigkeit und Korallenwachstum. Archäologische Forschungen ergaben, daß vor 600 Jahren die mit den Mayas verwandten Payan-Indianer die Inseln bewohnten. Ihr friedliches Dasein war 1502 vorbei, als Christoph Kolumbus auf seiner vierten Fahrt diese Inselgruppe erreichte, die er der vielen Pinien wegen Islas de Pinos nannte. Die Inseln wurden der Spanischen Krone unterstellt und wie alle Gebiete der Neuen Welt ausgebeutet, die Bewohner massakriert. 400 Jahre lang waren die Bay Islands ein Zankapfel zwischen Holländern, Spaniern, Franzosen und Engländern. Die Letztgenannten beendeten im Jahre 1800 den Konflikt und ordneten die Inseln Honduras zu.

Zu den Bay Islands gehören die Inseln Cayos Cochinos, Utila, Roatan, Barbareta und das am weitesten vor der Küste liegende Guanaja. Wir stellen in diesem Buch die Insel Guanaja vor, die etwa einen Kilometer lang und im nordöstlichen Bereich vier Kilometer breit ist. Guanaja ist eigentlich ein einziger, massiver Gebirgsklotz ohne Flachland oder gar Straßen. Die einzige Möglichkeit, von einem Küstenort zum andern zu gelangen, führt über das Wasser. Die drei Dörfchen Bonacca, Savanne Bight und Mangrove Bight sind auf Pfählen über dem Wasser erbaut, oder sie kleben, jeden Quadratmeter der Fläche ausnutzend, am Fels. Die Insel besitzt eine Landebahn für kleine Flugzeuge vom Typ DC 3, die von Ceiba (auf dem Festland) oder von der Insel Roatan her kommen und bei Tageslicht landen müssen. Guanaja ist voller Wasserläufe und Quellen, die das ganze Jahr über bestes Trinkwasser liefern.

Das Eiland ist ringsum von Riffbarrieren umgeben, die eine riesige Auswahl an Tauchplätzen aller Schwierigkeitsgrade bieten. Fauna und Flora sind auch hier typisch karibisch. Die Riffe sind mit Weichkorallen, Fächer- und Federgorgonien sowie Schwämmen bewachsen. Am Dropoff fällt der Meeresgrund über tausend Meter senkrecht ab, und im Nordwesten erwarten den Taucher richtige Lavalandschaften. Die Tauchplätze können

A

B

A – Die zerklüftete Küstenlinie macht Guanaja zum Gefangenen des Meeres: Nur über das Wasser ist der Verkehr zwischen den wenigen Siedlungen auf der Insel möglich.

B – Ein Schwarm Blaustreifen-Grunzer (Haemulon sciurus) schwimmt zwischen einer waldartigen Ansammlung von Seefedern (Pseudopterogorgia sp.) – wahrscheinlich suchen die Fische nach Beute wie Krabben und Garnelen.

nur mit dem Boot erreicht werden. Das Hotel Posada del Sol, das im Stil einer spanischen Villa erbaut ist, verfügt über drei Tauchboote, die die Gäste zu den insgesamt 28 mit Namen bezeichneten Tauchgründen fahren. Alle Plätze sind mit permanenten Bojen versehen, die ein Ankerwerfen mit seinen bekannten Schäden für das Riff nicht notwendig machen. An einigen Tauchplätzen, so zum Beispiel an dem in diesem Kapitel beschriebenen Black Rock, werden Strömungstauchgänge durchgeführt, bei denen das Boot nicht festlegt, sondern den Tauchern folgt. Der Tauchbetrieb ist amerikanisch organisiert, und die Basis verfügt über jeglichen Service, vom Tauchshop bis zum Fotolabor. Ausführliche Einweisungen machen die Gäste mit dem jeweiligen Tauchplatz vertraut, so daß sie je nach Erfahrung entweder in selbständigen Teams oder aber mit dem Divemaster tauchen können. Für die Umwelt wird große Sorge getragen: Tarier-Jacketts sind Vorschrift, ebenso die Einhaltung der „no gloves rule", was bedeutet, daß Handschuhe nicht erlaubt sind. Das Sammeln von lebenden oder toten Muscheln ist verboten.

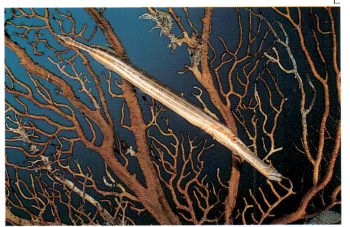

Punta Patuca

C - Komplizierte Strukturen bildet das Gewebe des Azurblauen Vasenschwamms (Callyspongia plicifera). Im Inneren findet man regelmäßig Schlangensterne.

D - Mehrere Säulenkorallen (Dendrogyra cylindricus) haben sich dicht an dicht angesiedelt und recken ihre Arme nach oben. Die geöffneten Polypen lassen sie weich wie ein Schwamm erscheinen, dabei handelt es sich in Wirklichkeit um eine Steinkoralle mit Kalkskelett.

E - Der langgestreckte Atlantik-Trompetenfisch (Aulostomus maculatus) tarnt sich zwischen den Zweigen einer großen Gorgonie.

F - Einzeln schwimmende Gelbschwanz-Schnapper (Ocyurus chrysurus) lassen es sich häufig nicht nehmen, den Besucher während des gesamten Tauchgangs zu begleiten.

G - Unverwechselbar gefärbt sind die Schweins-Grunzer (Anisotremus virginicus), die hier im kleinen Schwarm über Korallen und Seefedern schwimmen.

GUANAJA: WRACK DES „JADO TRADER"

von Kurt Amsler

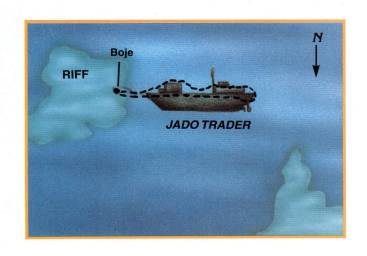
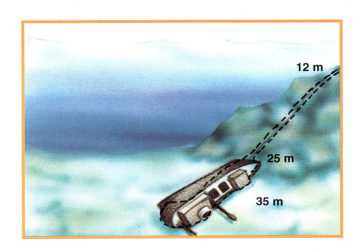

A – Die großen Laderäume des „Jado Trader" sind zu einem Zufluchtsort für viele Arten von Fischen geworden. Insbesondere werden sie von dichten Schwärmen von Ährenfischen bewohnt.

B – Das ehemalige Handelsschiff ruht auf seiner Steuerbordseite. Vom Menschen verlassen, ist es nun zum idealen Lebensraum für viele Tiere geworden.

Lage

Dieses Wrack hat keine so interessante Geschichte wie andere in diesem Buch beschriebene. Das Schiff wurde im Jahre 1987 als Tauchattraktion versenkt, nachdem es viele Jahre unbenutzt am Dock gelegen hatte. Der 70 Meter lange Frachter ruht jetzt auf seiner Steuerbordseite knapp zwei Seemeilen von der Küste entfernt genau südöstlich von Southwest Cay in 33 Meter Tiefe. Der Bug zeigt auf einen riesigen Korallensockel, der aus der Tiefe bis zwölf Meter unter die Oberfläche reicht. Von diesem

Korallensockel führt eine dicke Ankerkette zum Wrack, die den Tauchern den Weg weist. Nach dem Erkunden des Wracks geht es auf demselben Weg zurück, und das Austauchen erfolgt über dem Korallensockel an der Bojenleine. Verfügt der Taucher noch über genügend Zeit und Luft, kann er sich zum Abschluß auf dem Riffplateau umsehen, das über und über mit Hornkorallen bewachsen ist und über dem immer große Fischschwärme ihre Kreise ziehen.
Die Tiefe von über 30 Meter, die Tatsache, daß auch Strömung herrschen kann, sowie die Notwendigkeit, den Tauchgangsplan genau einzuhalten, machen den „Jado Trader" nur für erfahrene Taucher geeignet.

Der Tauchgang

Zu Beginn des Tauchgangs folgen wir der Ankerkette. Es kann hier draußen durchaus eine leichte bis mittlere Strömung herrschen. Ist dies

C – Dank des transparenten Wassers läßt sich das Schiff fast vollständig überblicken. Die Strömung ist an dieser Stelle unterschiedlich stark, aber immer vorhanden.

D – Die schwarzen Silhouetten der Zackenbarsche, die um das Wrack herum ihr Revier haben, sowie die Lampe des Tauchers heben sich von der dunklen Masse des „Jado Trader" ab.

der Fall, sollte eher über Grund als im freien Wasser zum Wrack getaucht werden. Je nach Sichtweite – meist optimal – zeichnen sich schon bald die schemenhaften Umrisse des Wracks ab. Wie ein Empfangskomitee sind jetzt auch vier bis sechs kapitale Zackenbarsche zur Stelle. Der Fischreichtum im und um das Wrack ist enorm. Kaiserfische, Blaue Doktorfische und Schweinsfische suchen am Rumpf nach Nahrung, und um die Aufbauten ziehen oft Makrelenschwärme ihre Kreise.

Die „Jado Trader" ist ein Wrack wie aus dem Bilderbuch! Völlig intakt ner Lampe im Hintergrund schwebt. Obwohl es möglich wäre, ins Innere der Aufbauten vorzudringen, sollte dies aus Gründen der Sicherheit unterlassen werden. Die Gänge sind außerordentlich eng, und Kabel versperren den Weg. Der Taucher sollte auch bedenken, daß er sich in über dreißig Meter Tiefe befindet und die Zeit schnell zu Ende geht.

Das Heck sollte aber unbedingt noch begutachtet werden. Auch im Inneren des Hinterdecks leben Schwärme von Ährenfischen, und oft können die Besucher an dieser Stelle des „Jado Trader" einen Blick auf einen riesigen Wrackbarsch werfen, bevor dieser tief im Inneren des Rumpfes verschwindet. Um einen besseren Eindruck vom Heck zu erhalten, das eher an ein Piratenschiff als an einen Frachter erinnert, empfiehlt es sich, in größerem Abstand vom Wrack zum Steuerruder

E – Die Brücke des Schiffs ragt wie eine Wand nach oben. Sie ist die Wohnstatt eines stattlichen Schwarzen Zackenbarsches (Mycteroperca bonaci).

F – Die zahllosen Inkrustationen auf dem Rumpf haben aus den unbelebten Metallplatten scheinbar organische Gebilde gemacht, deren Farben im Licht der Lampe aufleuchten.

liegt das Schiff auf der Steuerbordseite und streckt den mit Trossen behangenen Mast und die mit Hydroiden und anderen Organismen bewachsenen Davits und Ladebäume weit ins freie Wasser. Beginnen wir die Erforschung bei den Ladeluken. Es lohnt sich, bei diesem Tauchgang eine Lampe mitzuführen. In deren Strahl werden sich im Inneren des Rumpfes hunderttausend silberne Ährenfische wie glitzernde Wellen bewegen. Hier lebt auch eine große Grüne Muräne. Sie hat die stattliche Länge von 1,5 Meter und ist absolut harmlos. Manchmal folgt sie sogar den Besuchern bei der Besichtigung. Der vor den Aufbauten abstehende Mast ergibt ein gutes Motiv für Fotografen oder Videofilmer, vor allem, wenn der Tauchpartner mit sei- und zur Schiffsschraube zu schwimmen. Auch hier führt eine Kette vom Wrack zu einem in der Nähe liegenden Korallenblock. Etwa zehn Meter vom Rumpf entfernt wächst eine große rote Hornkoralle aus ihr heraus, die ebenfalls ein gutes Fotomotiv ergibt. Der Weg zurück zum Bug führt jetzt in 23 Meter Tiefe an der Backbordreling entlang. So kann man Tauchzeit gewinnen und spart Luft, was dem Taucher unter Umständen noch erlaubt, das Korallenplateau direkt unter dem an der Boje festgemachten Tauchboot kurz zu erkunden.

G – Taue und Bauteile hängen noch von den Ladebäumen herab. Auch sie sind von Organismen besiedelt worden, denn Plätze zum Anheften sind knapp im Riff.

GUANAJA: JIM'S SILVER LODE

von Kurt Amsler

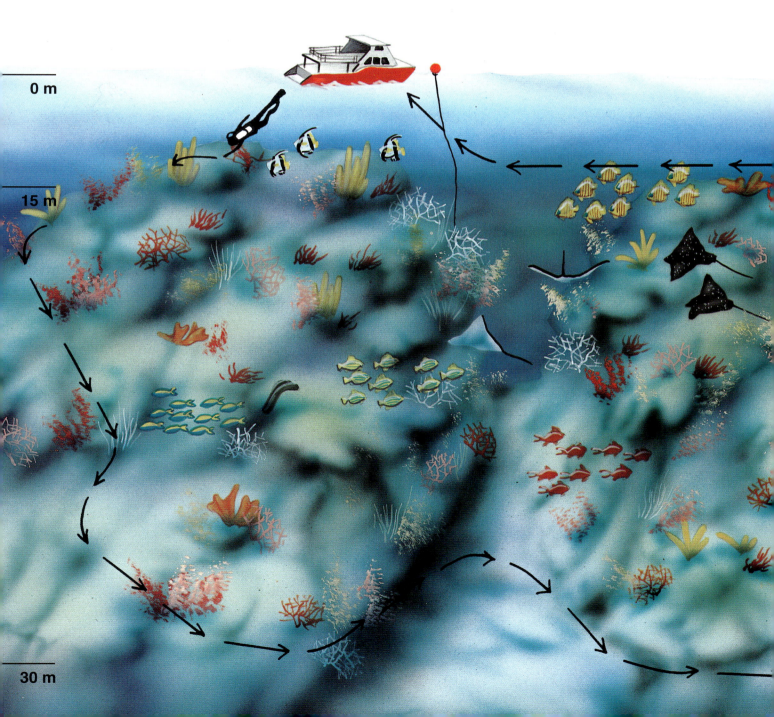

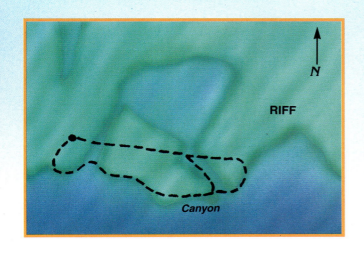
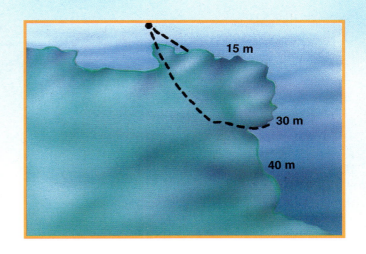

Lage

Jim's Silver Lode ist sicher einer der besten Tauchplätze um Guanaja. Der Platz liegt an der Südostseite von Southwest Cay. Auch hier gibt es eine Boje, um das Tauchboot festzumachen. Der Platz verdankt seinen Namen – „Silberschatz" – den Schwärmen von Silversides (Ährenfischen), die der Taucher in den Höhlen am Dropoff findet. Der Steilabfall ist spektakulär. Von der Riffkante, die in etwa fünfzehn Meter Tiefe liegt, fällt die Riffwand senkrecht über tausend Meter ab. Oft sind hier Großfische, Schulen von Stachelmakrelen oder auch Adlerrochen anzutreffen.

Eine fast kreisrunde Sandfläche hinter der eigentlichen Riffbarriere wurde von den Divemastern zur Fütterungsstation gemacht. So kommt es, daß hier immer mehrere kapitale Zackenbarsche zu sehen sind. Auch zwei große Muränen und ein dicker Barrakuda gehören zu den Bewohnern dieses Platzes. Im Freiwasser schwimmen Gruppen von ausgewachsenen Gelbschwanz-Schnappern. Königin-Drückerfische, Falter- und Kaiserfische sind überall zu sehen. Der Fischreichtum dieses Platzes ist enorm. Starke Strömungen sind hier selten, und es ist immer möglich, ohne große Anstrengung zur Boje zurückzutauchen. Jim's Silver Lode ist für Taucher aller Ausbildungsstufen geeignet.

Der Tauchgang

Bereits unter dem Boot werden wir von fünf bis sechs großen Zackenbarschen erwartet, darunter kapitale Burschen von über einem Meter Länge. Die große, kreisrunde Sandfläche hinter uns lassend, führt uns der Weg durch einen schmalen und mit Horn- und Steinkorallen überwachsenen Canyon. Damit durch die Flossen keine Korallen beschädigt werden, sollte die Schlucht an der breitesten Stelle durchschwommen werden. Fotografen und Filmer müssen sich mit den Aufnahmen im und aus dem Canyon heraus beeilen, denn schon bald werden losgelöste Schwebeteile von der „Decke" fallen.

A - Zwischen den Felswänden windet sich ein langer Canyon mit sandigem Grund bis hinaus zur Steilwand.

B - Tiefblau erscheint das Wasser am Ausgang des Canyons zum Dropoff. Draußen schwebt der Taucher über einem bodenlosen Abgrund.

C - Zur typischen karibischen Unterwasserlandschaft gehören Fächergorgonien, Steinkorallen, Seefedern, Schwämme und die farbenprächtigen Fische.

D - Zu den häufigsten Typen von Schwämmen zählen die Röhrenschwämme (Aplysina sp.).

E - Ein felsiger Sims, der nach unten geneigt ist, bietet die ideale Unterlage für rote Schnurschwämme sowie Tiefwasser-Gorgonien.

F - Ein Schwarzer Zackenbarsch (Mycteroperca bonaci) mit einer Länge von fast einem Meter folgt den Tauchern beim Tauchgang.

G - „Coney" (Kaninchen) heißt im Englischen der Karibik-Juwelenbarsch (Cephalopholis fulva), von dem drei Farbvarianten bekannt sind.

H - Die Grüne Muräne (Gymnothorax funebris) hat ihre Wohnhöhle verlassen - ein bei Tag seltener Anblick!

I - Im Flachwasserbereich sind die wie Skulpturen geformten Elchhornkorallen weit verbreitet.

Tiefes Blau leuchtet vom Ausgang her, der direkt am Dropoff liegt. Je nach Strömung kann jetzt nach links oder rechts geschwommen werden. Es ist ein unbeschreibliches Gefühl, über tausend Meter Wasserabgrund an der Riffwand entlang zu schweben. Der Dropoff, der auf 13 bis 15 Meter beginnt, ist im oberen Bereich dicht bewachsen. Neben Wäldern von Gorgonien sehen wir alle Arten von Schwämmen. Dem Fotografen werden natürlich sofort die leuchtend roten Schnurschwämme und die Azurfarbenen Vasenschwämme ins Auge fallen.

Ab 30 Meter entdeckt man mehr und mehr Tiefwasserkorallen: vorwiegend Peitschenkorallen und in großen, rotbraunen Büschen die berühmten Schwarzen Korallen. Trotz dieser faszinierenden Eindrücke, die in einer Art „Weitwinkel-Perspektive" vor der Maske ablaufen, lohnt es sich aber, auch ab und zu genauer in Spalten und unter Überhänge zu schauen. Speziell an diesem Platz und in Tiefen ab 30 Meter lebt der seltene Baskenmützen-Feenbarsch.

Hat man beim Briefing aufgepaßt, kann man beim Auftauchen die Silversides-Grotte besuchen. Diese Grotte in etwa 20 Meter Tiefe ist voller winziger Ährenfischchen, die in dem von oben einfallenden Sonnenlicht feuerwerksartig aufblitzen. Ein lohnendes Motiv für den Fotografen, doch Vorsicht: Der Unterwasserblitz muß ganz schwach dosiert werden, sonst werden die stark reflektierenden Fischlein überbelichtet.

Durch eine breite Schlucht zwischen zwei Riffblöcken erreichen wir wieder die fast kreisrunde Sandfläche. Noch immer sind die Zackenbarsche, zu denen sich nun noch eine große Grüne Muräne gesellt hat, bei uns. Jetzt erhalten sie ihre lang erwartete Mahlzeit. Der Divemaster verteilt das Futter gerecht an die Tiere. Entweder folgt man dem Schauspiel, ruhig auf dem Sande kniend, oder man unternimmt für sich noch eine Inspektionstour auf der etwa zehn Meter tief liegenden Riffplatte in entgegengesetzter Richtung zum Dropoff.

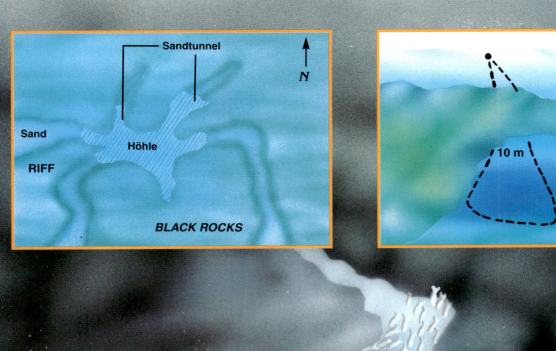

Lage

Auf der Leeseite der Insel, nordöstlich vom Dörfchen Mangrove Bight, liegt das Gebiet der schwarzen Lavaklippen. Der gesamte Meeresgrund ist an dieser Stelle rein vulkanischen Ursprungs – eine bizarre Landschaft mit Kavernen, Schluchten und Höhlen, die für die Bay Islands einmalig ist. Black Rocks ist ein etwa zwei Kilometer langes Riff, in dem Canyon neben Canyon und Höhle neben Höhle liegen, wobei die Höhlen weit ins Innere führen. Das Riffplateau liegt zwischen einem und sechs Meter tief, und der Meeresboden sowie der Grund der Höhlen und Schluchten ist nirgends tiefer als 20 Meter. Das Wasser ist in der Regel glasklar.
Natürlich fehlt es auch hier nicht an Fischen, doch leben in diesem Gebiet weniger Arten als anderswo. Die geologische Struktur des Untergrundes erlaubt auch weniger Korallenbewuchs als auf Sandsteinfelsen. In den Höhlen und Grotten findet der Taucher aber Tausende von Kupfer-Beilbauchfischen. Große Ammenhaie werden in den Black Rocks häufig gesehen, da das Gebiet für diese bodenlebenden Knorpelfische geradezu geschaffen ist.
Die Höhlen, Schluchten und Grotten aber sind es, die diesen Tauchplatz einmalig machen. Es sind nicht lange, abgeschlossene Stollengänge, die eine spezielle Höhlentauch-Ausbildung erfordern würden, sondern alle 20 bis 50 Meter öffnet sich wieder die Decke oder führt ein Nebengang ins freie Wasser. Je nach Sonnenstand ergeben die gebündelt einfallenden, sich an den Kanten tausendfach brechenden Lichtstrahlen ein Schauspiel sondergleichen.

A – Eine seltsame Unterwasserlandschaft haben die Lavaströme geschaffen: Höhlen, Schluchten und Grotten durchziehen das Riff.

B – Der vulkanische Ursprung des Gesteins scheint viele Krustentiere, die anderswo zum farbenfrohen Bild des Korallenriffs beitragen, an der Ansiedlung zu behindern. Aus diesem Grund ist an diesem Tauchplatz die Stimmung eher düster und abweisend.

Der Tauchgang

Permanente Bojen existieren an den Black Rocks nicht. In der Regel wird an diesem Platz „drift diving" praktiziert. Dieses Strömungstauchen ist sehr komfortabel und hat den Vorteil, daß sich die Taucher nicht um den Rückweg zum Boot kümmern müssen. Man läßt sich treiben und kann sich voll auf die Unterwasserwelt konzentrieren. Schon beim Sprung ins Wasser und beim ersten optischen Kontakt mit dem vulkanischen Meeresgrund wird der Besucher die erwähnte „kalte" Stimmung empfinden. Taucht man am Morgen, steht die Sonne über dem Riffdach, und die steil abfallenden Wände liegen weitgehend im Schatten, was Kontrast und Stimmung noch verstärken. Entlang des Riffs gibt es unzählige Canyons und Höhlen, so daß jedes Tauchteam seinen eigenen Weg suchen kann.
Schwimmen wir nun in eine dieser dunklen Spalten hinein! Im Lichtkegel der Lampe zeigen sich mehr oder weniger kahle Wände, an denen sich aber große Kolonien von leuchtend

E – Dichter Bewuchs, aus dem die Venus-Gorgonie hervorragt, ist stellenweise am Riffhang zu finden.

F – Tagsüber stehen in den dunklen Ecken der Höhlen dichte Schwärme von Kupfer-Beilbauchfischen (Pempheris schomburgki), deren Schuppenkleid das Licht goldfarbig reflektiert.

G – Am Grund einer der Höhlen schwimmt der typische Karibik-Spatenfisch (Chaetodipterus faber). Hier haben sich zu der Gruppe einige Schnapper gesellt.

H – Die Sandgründe in den Höhlen und Überhängen sind ideale Wohnplätze für die Karibik-Ammenhaie (Ginglymostoma cirratum), von denen man hier viele antrifft.

C – Wie Kathedralen sehen einige der Felsgebilde aus. Das schwarze Gestein und das tiefe Blau des Wassers reizen den Fotografen zu ungewöhnlichen Ansichten.

D – Um an den Black Rocks zu tauchen, benötigt man keine Spezialausbildung. Sie bilden keine geschlossenen Höhlen, sondern an vielen Stellen öffnen sich Durchgänge zum Licht oder zum Freiwasser.

gelben Krustenanemonen, roten Krustenschwämmen, Peitschenkorallen und Schwarzen Korallen angesiedelt haben. An der spitz zulaufenden Decke steht ein Schwarm Kupfer-Beilbauchfische, deren glänzende Körper den Lichtschein hundertfach zurückwerfen. Fotografen müssen bei diesem Motiv ihren Blitz mit halber oder sogar viertel Leistung einsetzen, da sonst die Fischleiber überbelichtet werden. Intensiv und gebündelt wie ein Laserstrahl fällt Sonnenlicht durch eine Öffnung in der Decke, und etwas weiter vorne öffnet sich bereits der Ausgang als eine wild zerklüftete Spalte, durch die gleißendes Sonnenlicht in die Höhle fällt.

Wieder im offenen Wasser, geht es an der mit Hornkorallen und Schwämmen bewachsenen Lavawand entlang. Unter den flachverlaufenden Überhängen halten wir nach Ammenhaien Ausschau. Dank einer leichten Strömung, durch die man fast unmerklich weitergetrieben wird, ist der Luftverbrauch sehr gering. Das erlaubt einen weiteren Vorstoß in eine Vulkanhöhle. Der „Sandtunnel" wird dieser über hundert Meter lange Durchgang im Kliff genannt. Er ist teilweise so groß, daß ein Lastwagen problemlos darin Platz hätte. Viele Seitengänge und Öffnungen in der Decke lassen immer wieder Sonnenstrahlen eindringen, die auf dem Sandboden Kringel zeichnen und das ganze Labyrinth in eine mystische Dämmerung tauchen.

Beim Sandtunnel endet unser Tauchgang durch die Volcano Caves. Durch ein immenses Ausgangsportal erreichen wir eine große Sandfläche, an der das Tauchboot wartet, um die Teams wieder an Bord zu nehmen.

Die französischen Übersee-Territorien Martinique und Guadeloupe kann man mit zweieiigen Zwillingen vergleichen: Sie sind sich nah, aber sehr verschieden. Ursprünglich waren die Inseln von den friedfertigen Arawak-Indianern besiedelt, die aus dem Orinoko-Becken stammten. Später drangen die gefürchteten Kariben, kriegerische Menschenfresser, ein. 1493 ging Christoph Kolumbus auf Guadeloupe an Land. Martinique, die „Insel der Blumen", wurde erst 1502 entdeckt. 1635 wurden beide Inseln französische Kolonien, und 1946 bekamen sie den Status von Übersee-Departements.

Auf den Französischen Antillen unterscheidet man zwei Jahreszeiten: Die eine ist kühler und trockener und reicht von Dezember bis April. Die andere, von Mai bis November, ist wärmer, feuchter und manchmal (vor allem im September und Oktober) mit starken Stürmen und Hurrikanen gespickt. Die Gebirgsketten der beiden Inseln machen das Klima besonders wechselhaft. Kurze tropische Regenfälle benetzen regelmäßig das Land.

FRANZÖSISCHE ANTILLEN

von Daniel Deflorin

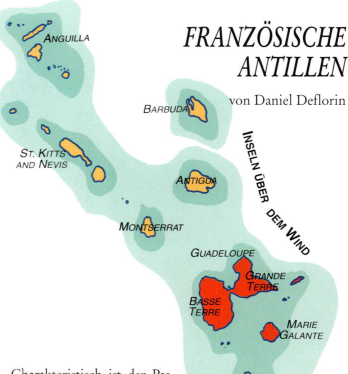

A – Diese Luftaufnahme zeigt die beiden Guadeloupe vorgelagerten Inselchen Iles de la Petite Terre, die südöstlich der Hauptinsel Grande Terre liegen.

B – So vielversprechend die Felsküste dem Taucher erscheint, so schwierig ist es teilweise, hier von Land aus zu tauchen.

A

B

Charakteristisch ist der Passatwind, der ständig von Nordosten weht und die Luft abkühlt, daß das Klima in Küstennähe niemals belastet ist. Die Lufttemperatur schwankt zwischen 25 °Celsius im Winter und 32 Grad im Sommer, und das Wasser ist immer 24 bis 28 Grad warm. Hier ist nicht die Heimat der großen Raubfische, und das Tauchen gleicht eher einem Spaziergang in den Korallengärten. Dafür ist kein Mangel an vergnüglichen Überraschungen, und mit etwas Glück begegnet man Walhaien, Tarpunen, Hammerhaien, Stechrochen-Schulen oder Barrakudas.

Martinique

Die sanft gewellte, windabgewandte karibische Seite dieser Insel wird von klarem Wasser umspült, während die atlantische Seite hohe Felsklippen aufweist, an denen sich die Wellen brechen. Der südliche Teil ist recht flach und trocken. Hier liegen die großen Zuckerrohrplantagen und auch die meisten Touristenhotels. Der Norden bietet eine wildere, gebirgige Landschaft, in der sich tropischer Wald mit Bananen- und Ananasplantagen abwechselt. Im Gegensatz zur karibischen

Küste ist die Atlantikseite mit ihrem rauhen Meer bei den Tauchern nicht sehr beliebt. Allerdings gibt es dort einen außergewöhnlichen – und gleichzeitig tiefen – Tauchplatz, nämlich die Wracks von St. Pierre, die Opfer eines Vulkanausbruchs im Jahre 1902, sowie einige beeindruckende Steilwände. Diese Plätze sind aber nur für erfahrene Taucher zu empfehlen. Wegen der Brandung und einmündender Bäche ist außerdem die Sicht hier nicht optimal.

Zahllose Tauchplätze, die von jedermann aufgesucht werden können, findet man im Gebiet der Anses d'Arlets im Süden Martiniques sowie beim noch südlicher gelegenen Rocher du Diamant. Zu den außergewöhnlichsten Merkmalen Martiniques gehört der Reichtum an verschiedenen Schwämmen. Sie sind nicht nur überall präsent, sondern weisen auch eine erstaunliche Vielfalt der Arten, Farben und Formen auf.

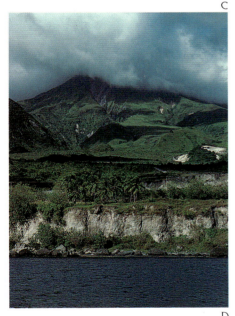

C – Die Landschaft der Französischen Antillen ist sehr vielgestaltig. Die reiche Vegetation ist das Ergebnis der zahlreichen Niederschläge, die die Passatwinde herbeiführen.

D – Manchmal wachsen die Röhrenschwämme so dicht beieinander, daß sie wie die Pfeifen einer großen Orgel wirken.

E – Auch schöne Sandstrände findet der Urlauber in großer Zahl auf den Französischen Antillen.

F – Zu den am häufigsten vorkommenden Fischen gehören in den Französischen Antillen die Gelbschwanz-Schnapper (Ocyurus chrysurus).

Guadeloupe

Diese Insel hat die Form eines großen Schmetterlings, der sich auf dem Meer niedergelassen hat, und besteht genau genommen aus zwei Inseln, Grande Terre und Basse Terre, die durch eine Meeresstraße, die Rivière Salée („salziger Fluß"), voneinander getrennt sind. Grande Terre ist ein ausgedehntes Plateau, das etwa hundert Meter über dem Meeresspiegel liegt. Basse Terre ist – ganz im Gegensatz zu seinem Namen „niederes Land" – sehr gebirgig und dicht mit tropischer Vegetation überwuchert. Wie Martinique hat auch Guadeloupe eine dem Wind und den Wellen ausgesetzte Küste, die zum Tauchen nicht sehr geeignet ist, und eine leewärtige, geschützte karibische Seite. Dort findet man die zehn Tauchbasen angesiedelt. Generell kann man sagen, daß die Tauchplätze keine besonderen Schwierigkeiten aufweisen. Eine Ausnahme bildet die Pate-Bank zwischen Guadeloupe und der kleinen Inselgruppe Les Saintes. Die interessantesten Dinge sieht man im Tiefenbereich von null bis 30 Meter, wo man eine typische Riffauna und auch Fische des freien Wassers wie beispielsweise Stachelmakrelen findet. Rochen und Haie sucht man aber vergebens. Mit Sichtweiten, die fast immer ausgezeichnet sind, ist Guadeloupe ein ideales Ziel für Anfänger und erfahrene Taucher gleichermaßen. Immer noch kommen ständig neue Tauchzentren dazu, vor allem bei den Taubeninseln (Ilets Pigeons). Dort liegt das Schutzgebiet Réserve Cousteau, das für seine Tauchplätze berühmt ist. Das Riff fällt hier senkrecht auf fünf bis zehn Meter ab. Dann folgt eine felsige, plattformartige Stufe, die sich bis zu einer Tiefe von 15 bis 20 Meter absenkt, und schließlich wieder ein Steilabfall von 20 bis 45 Meter Tiefe. Jede Anlegeboje hier ist der Ausgangspunkt für mehrere, vielversprechend benannte Tauchplätze wie Coral Garden, Jacks Wall, Hot Water Springs oder Barracuda Point.

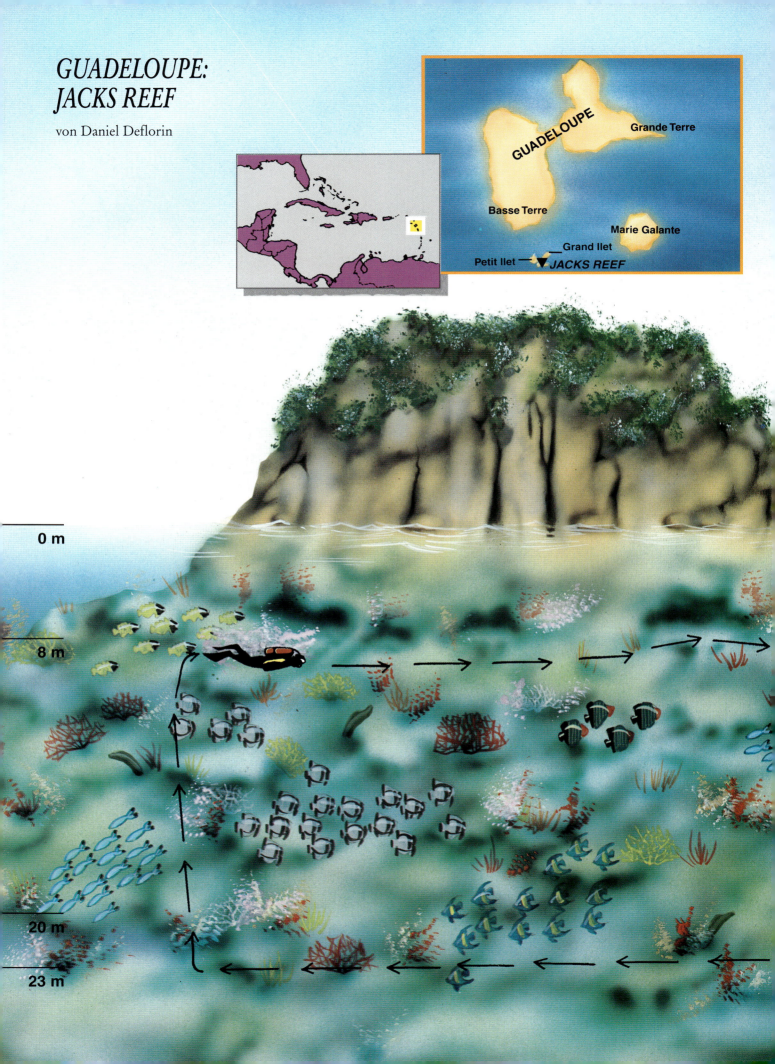

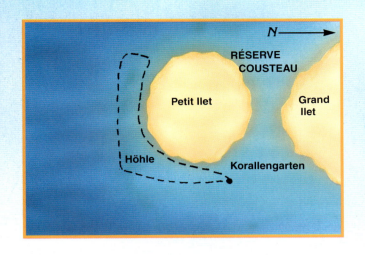

Lage

Die Réserve Cousteau liegt vor der Insel Basse Terre: Nach einer Viertelstunde Bootsfahrt erheben sich vor der Küste zwei kleine Inselchen, die Taubeninseln (Ilets Pigeons), aus den fischreichen Gewässern. Sowohl das Fischen als auch das Ankerwerfen sind hier verboten. Statt dessen wurden feste Bojen installiert, und zwar rote für den professionellen Gebrauch durch Tauch- und Glasbodenboote sowie weiße für Privatboote. Dieses Schutzgebiet ist bei weitem das fischreichste Gewässer von Guadeloupe und bietet bei jeder Windrichtung einen geschützten Liegeplatz.

A – Die großen Schwärme der Großaugen-Makrelen (Caranx latus) sind die Hauptattraktion dieses Tauchplatzes in der Réserve Cousteau.

B – Ein dichter Wald von Seefedern (Pseudopterogorgia sp.). Da ihre Polypen nicht aktiv sind, ähneln die Seefedern auf diesem Foto den Schwarzen Korallen (Antipathes sp.). Sie gehören jedoch zu den Gorgonien.

C – Die Stachelmakrelen werden von den Luftblasen des Tauchers angezogen. Neugierig umkreisen sie ihn und bilden eine bewegliche Wand aus Fischleibern um ihn herum.

D – Diese Nahaufnahme einer Seerute (Pseudoplexaura sp.) zeigt deutlich die mit acht Tentakeln gefiederten Polypen, das maßgebende Einteilungsmerkmal für die Achtstrahligen Blumentiere (Octocorallia).

Jacks Reef liegt an der Südostseite von Petit Ilet direkt vor der Küste. Das Boot wird im Kanal zwischen den Inseln über dem „Jardin de Corail" festgemacht. Man kann von hier direkt ans Riff schwimmen. So gelangt man zu einer Art Sporn am Riff: Dieser Vorsprung ist der beste Platz, um die Stachelmakrelen zu beobachten. Manchmal ist die Strömung hier recht stark, aber im allgemeinen sind die Tauchbedingungen günstig.

Der Tauchgang

An der Boje ist das Wasser etwa sechs Meter tief. Man wendet sich von hier südwärts. Dann folgt man der Riffwand, die in acht bis zwölf Meter auf

*E – Die großen Einschnitte im Riff sind der ideale Lebensraum für die Jacobus-Soldatenfische (*Myripristis jacobus*), die hier den Tag verdämmern und den Taucher nahe herankommen lassen.*

F – Die großen Vasenschwämme sind nicht nur tatsächlich wie Vasen geformt, sondern bieten Fischen und Wirbellosen auch in ihrem Inneren vorübergehend Schutz.

*G – Ein großer Franzosen-Kaiserfisch (*Pomacanthus paru*) schwimmt in der Deckung des Riffs. Schwerlich kann man sich dem Zauber entziehen, den dieses schöne Tier ausstrahlt.*

H – Die Schattenzonen und die Einschnitte in der Riffwand von Petit Ilet sind der Aufenthaltsort für nachtaktive Tiere wie die Soldaten- und Husarenfische.

*I – Aber auch die meisten Krustentiere lieben die Heimlichkeit der Gänge und Spalten im Riff. Diese Karibische Languste (*Palinurus argus*) schaut dem Treiben des Fotografen ungerührt zu, solange man einen gewissen Abstand einhält. Sie weiß ihre schützende Höhle hinter sich.*

den Sandgrund stößt. An der Spitze der Riffwand angelangt, wartet man auf die Stachelmakrelen, die in Schwärmen von bis zu 300 Individuen ankommen.

Nun wendet man sich westlich und kann an der Wand 15 bis 22 Meter tief abtauchen. Nach etwa 50 Meter gelangt man zu einem riesigen Schwamm. Häufig sichtet man dort große Brassen und Spatenfische. Dieser senkrechten Wand kann man weitere hundert Meter folgen, bevor man sich nördlich wendet, um zur Riffwand von Petit Ilet zu gelangen. Farbenprächtige Schwämme dekorieren diese Wand, die von zahlreichen Spalten und Gängen durchzogen ist, in der Langusten, Garnelen, Igelfische und Muränen Schutz finden. Wenn man an der linken Seite der Wand aufsteigt, kommt man direkt östlich des Ankerplatzes wieder an die Oberfläche. Auf halbem Weg zurück, etwa in acht Meter Tiefe, ist die Wand außerordentlich farbenprächtig, und hier stehen auch besonders viele Fische: Gelbschwanz-Schnapper, Franzosen-Grunzer, Kugelfische und andere. Auch zu einer Höhle, die drei Meter ins Riff hineinführt, gelangt man hier. Sie ist gefahrlos zu betauchen und beherbergt zahlreiche Langusten. Nach weiteren 30 Metern gelangt man dann zu einem mit Feuerkorallen bestandenen Plateau. Von hier aus kehrt man zum Boot zurück.

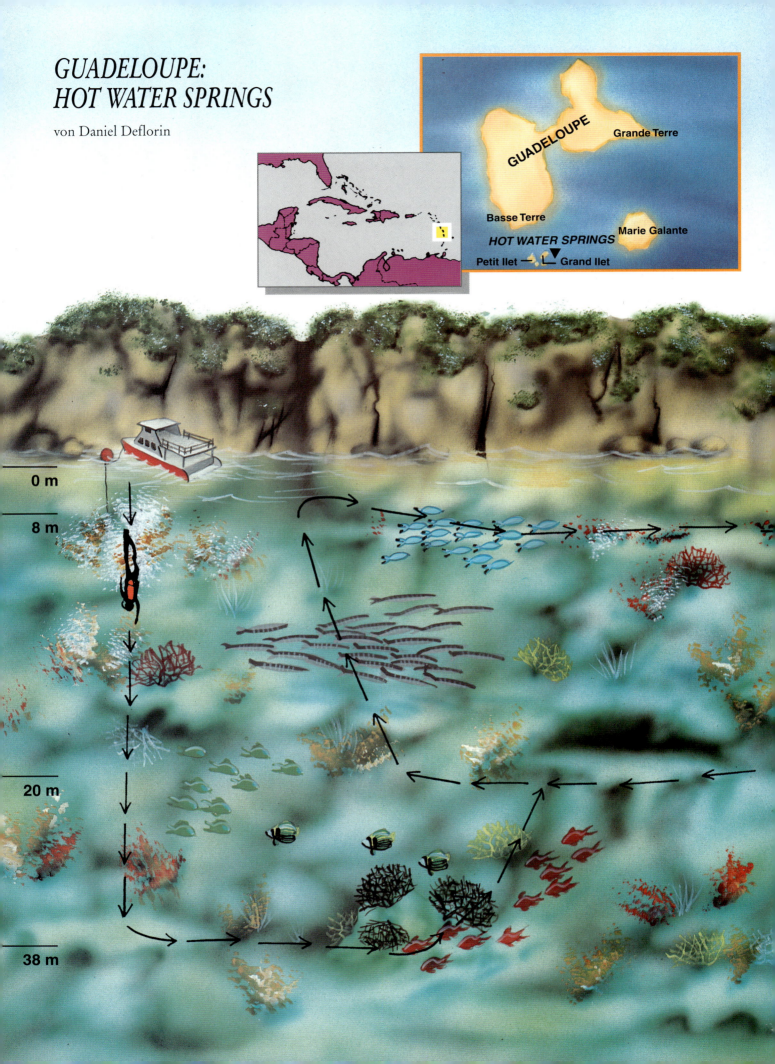

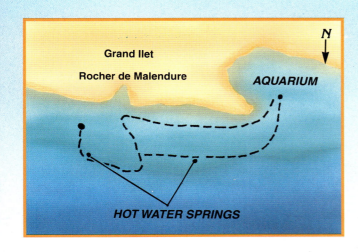
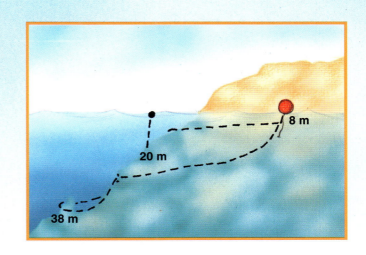

Lage

Dieser Tauchplatz, an dem man heiße Quellen auf dem Meeresgrund entdecken kann, liegt in der Réserve Cousteau etwa an der Mitte der Nordseite von Grand Ilet. Manchmal verläuft hier eine leichte Strömung entlang der Küste. Erfahrene Taucher springen am besten direkt vor den Hot Water Springs in Wasser und schwimmen zum Ende des Tauchgangs zum Boot zurück, das an der „Aquarium"-Boje festgelegt ist. Es ist aber genauso gut möglich, von dieser Boje aus zu den Springs hinüberzuschwimmen. Man hat dann eben den doppelten Weg zurückzulegen.

Der Tauchgang

Wenn das Boot an der Aquarium-Boje festgelegt hat, liegt es über fünf Meter tiefem Grund. Man folgt anfangs in westlicher Richtung etwa 150 Meter weit dem Riffhang, bis man in etwa 23 Meter Tiefe zu einer Aushöhlung in der Wand gelangt, vor der sich ein Sandplateau gebildet hat. Das heiße Süßwasser verursacht beim Austreten auf dem Sandgrund Wirbel und Schleier. Vorsicht: Das Wasser ist sehr heiß!

Erfahrene Taucher besuchen die Stelle bei einem Strömungstauchgang. Vom Boot aus tauchen sie entlang der mäßig steil abfallenden Wand bis in

A – Seefedern wiegen sich in der Strömung, die Nahrung heranträgt. Deshalb sind die Polypen aktiv und filtern das Wasser aus.

B – Dieser große Schwarm setzt sich aus verschiedenen Arten von Grunzern und Schnappern zusammen. Die Tiere kreuzen in der Nähe der Hot Springs auf der Suche nach Nahrung und Wärme.

C – Schwämme und Federsterne sieht man häufig an den Stellen zusammen, an denen eine Strömung anliegt. Auch schwachste Strömungen bieten beiden Tierarten ideale Bedingungen.

D – Manche Riffe vor Grand Ilet sind so reich an Leben, daß der Taucher und Fotograf am liebsten eine ganze Flasche an ein und derselben Stelle leeratmen würde.

38 Meter Tiefe. Hier liegt ein weißer Sandgrund, der teilweise vom heißen Wasser schwärzlich verfärbt ist. Diesem Sandgrund folgt man in westlicher Richtung bis zu einer Ansammlung großer Schwarzer Korallen und einem herrlichen Korallenstock, der wie mit blühenden Rosen übersät scheint. Von dort taucht man langsam am Hang nach oben, bis man in 23 Meter Tiefe auf die heißen Quellen stößt. Viele verschiedene Arten von Fischen, beispielsweise Stachelmakrelen und Barrakudas, durchpflügen dieses Gebiet um die Quellen. Nach den Hot Springs gewinnt man wieder an Höhe und schwimmt zwischen zwölf und 20 Meter tief über einem

Plateau, das bis zur Landspitze von Grand Ilet führt. Dann muß man die 150 Meter zurück zum Boot in Angriff nehmen. Dabei kreuzt man in Tiefen von acht bis fünf Meter, wo es viel zu sehen gibt und immer wieder Überraschungen zu erwarten sind. Schließlich gelangt man wieder zum Aquarium mit seinen blühenden Korallenstöcken. Hier kann man seinen Sicherheitsstopp verbringen, während man die Garnelen, Riffbarsche, Falter- und Kofferfische beobachtet, die sich zwischen den Korallen herumtreiben. Auch stellen sich häufig Schrift- und Weißflecken-Feilenfische ein, die von einem Ballett von Kreolen-Lippfischen begleitet werden.

E – Ein Schwarm Stachelmakrelen schwimmt zwischen Sonnen- und Blitzlicht hindurch und bildet dabei ein silbernes Band im Wasser.

F – Verschiedene Arten von Lippfischen und Riffbarschen suchen geschäftig zwischen den Zweigen einer Knorrigen Seerute (Eunicea sp.) nach Nahrung.

G – Signal-Papageifische (Sparisoma viride) *sind eine der häufigsten Arten aus der Familie. Diese Tiere durchlaufen während ihres Wachstums einen beachtlichen Farbwechsel, wobei auch ein Geschlechtswechsel stattfindet. Das Foto zeigt ein Männchen in der Endphase.*

H – Ein großer Buffalo-Kofferfisch (Lactophrys trigonus) *schwimmt dicht am Riff. Wegen seiner ungewöhnlichen Körperform, vor allem wegen seines Buckels, ist er unverwechselbar.*

I – Franzosen-Grunzer (Haemulon flavolineatum) *stehen häufig im Schwarm regungslos an strömungsgeschützten und schattigen Stellen im Riff.*

J – Ein schwarzes Band soll beim Flossenfleck-Falterfisch (Chaetodon ocellatus) *das Auge verbergen und die Verfolger irritieren.*

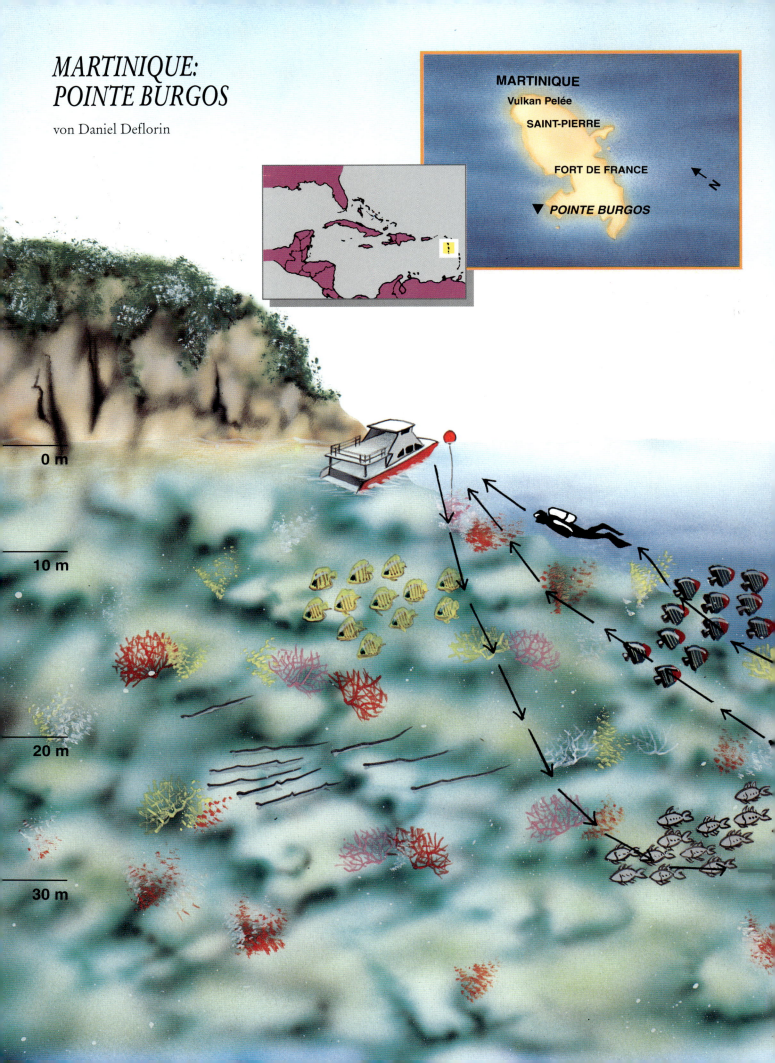

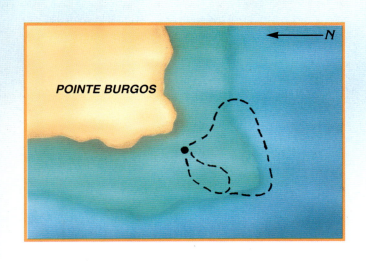
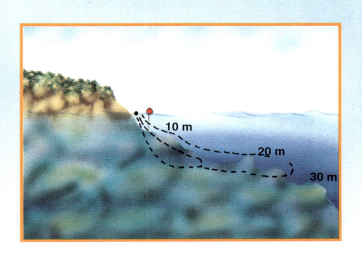
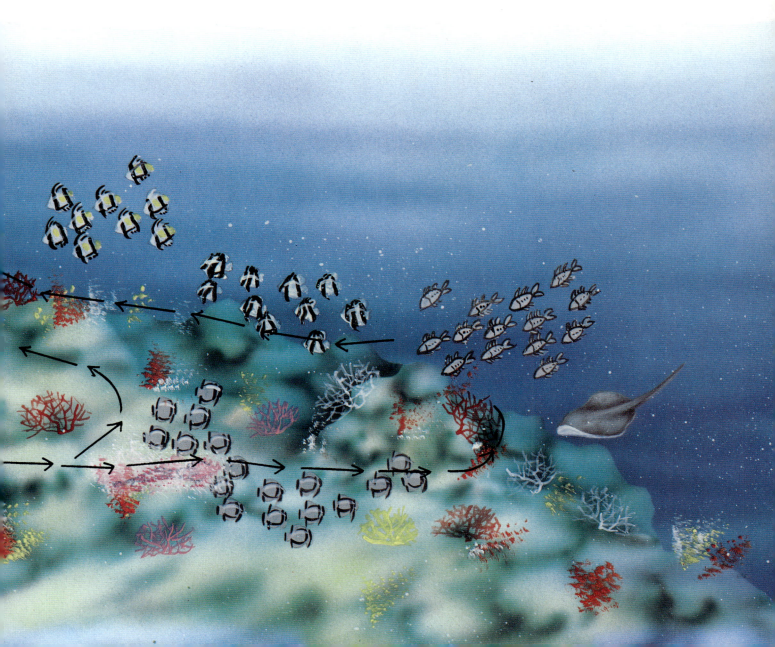

A – Eine kleine Schule Grauer Schnapper (Lutjanus griseus) sucht am Fuß einer gigantischen Steinkoralle Schutz.

B – Die doppelte, spiralig gewundene Tentakelkrone ist das typische Merkmal des Weihnachtsbäumchen-Röhrenwurms (Spirobranchus giganteus). Seine Kalkröhre ist in die Steinkoralle eingewachsen.

Lage

Pointe Burgos ist wegen seiner Spatenfisch-Schwärme bekannt, die dort regelmäßig anzutreffen sind. Der Platz eignet sich gut für Anfänger, ist aber auch interessant für erfahrene Taucher. Auch wenn – wie meist – keine Strömung herrscht, ist die Sicht gut, und bei Strömung wird sie sogar hervorragend. Pointe Burgos liegt hinter der Pointe Lezarde gegenüber dem Rocher du Diamant. Etwa 50 Meter vor der Küste über acht Meter tiefem Grund findet man dort eine Anlegeboje.

Der Tauchgang

Bis zu einer Tiefe von zehn bis zwölf Meter senkt sich der Grund nur langsam, dann folgt ein steiler, felsiger Abfall, der mit Spalten und Grotten durchsetzt ist und bis etwa 20 Meter führt. Dieser erste Teil ist bereits lohnend, da hier sicher bestimmte Schwarmfische anzutreffen sind, beispielsweise Hammel-Schnapper, die von den Einheimischen „sorbes" genannt werden, und Franzosen-Grunzer, die „gorettes", außerdem eine Vielzahl von Korallenfischen wie Sergeanten, Riffbarsche und Trompetenfische. Sie finden Nahrung und Unterschlupf in den zahlreichen Korallenstöcken. Auch viele Schwämme in allen Farben und Formen gibt es hier, wofür Martinique ja generell bekannt ist.

Weiter seewärts gelangt man in Tiefen von 25 bis 30 Meter. Dort bildet das Korallenriff eine Art Grat, der wieder einige Meter höher reicht. In diesem Gebiet gibt es überall viel Interessan-

C– Die Schwämme sind teilweise so riesig, daß Fisch und Mensch dagegen klein erscheinen.

D – Die Federsterne wählen oft die großen Vasenschwämme sowohl zum zeitweiligen Schutz als auch als Sitzplatz, von wo aus sie ihre Arme in die Strömung recken.

E – In diesen großen Stachelmakrelen-Schwarm, der vor dem Riff patrouilliert, hat sich ein Barrakuda gemengt.

F – Der Gestreifte Sergeant (Abudefduf saxatilis), ein Riffbarsch, gehört zu den zutraulichsten Fischen und kommt häufig von sich aus auf die Taucher zu.

G – Zwei Große Barrakudas (Sphyraena barracuda) beäugen das Treiben der Taucher an der Pointe Burgos.

H – Dieser Karibik-Spatenfisch (Chaetodipterus faber) schwimmt am Fuß einer schattigen Wand, auf der solitär und in Kolonien die Kelchkorallen (Tubastrea sp.) sitzen.

I – Wie immer begleiten Gelbschwanz-Schnapper (Ocyurus chrysurus) den Taucher.

tes zu beobachten: Stachelmakrelen, Lippfische und prächtige Schulen von Spatenfischen. Wenn man in 30 Meter Tiefe südwärts schwimmt, gelangt man zu einem gewaltigen Steilabfall, einer Wand, die von 35 bis 100 Meter abfällt. Hier treiben sich die großen Raubfische herum, und man kann Adlerrochen sowie Stachelmakrelen-Schwärme antreffen. Auch ein Walhai ist hier schon gesichtet worden. Manchmal findet man auch im Sandgrund vergrabene Stechrochen. Auch die Wand als solche ist eine nähere Betrachtung wert: Sie ist übersät mit Salatblattkorallen. Diese ähneln riesigen Blüten und strecken ihre steinernen Blätter der Sonne entgegen.

Auf dem Rückweg zum Boot kann man im Tiefenbereich von drei bis vier Meter in kleine Grotten und Höhlen hineinschwimmen, in denen das Sonnenlicht reizvolle Lichteffekte erzeugt. In diesem unterseeischen Garten tummeln sich die Schnapper und Riffbarsche, immer wieder einmal gestört von einem der Großen Barrakudas, die im Gebiet patrouillieren.

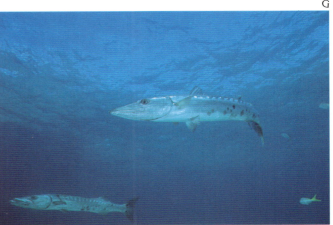

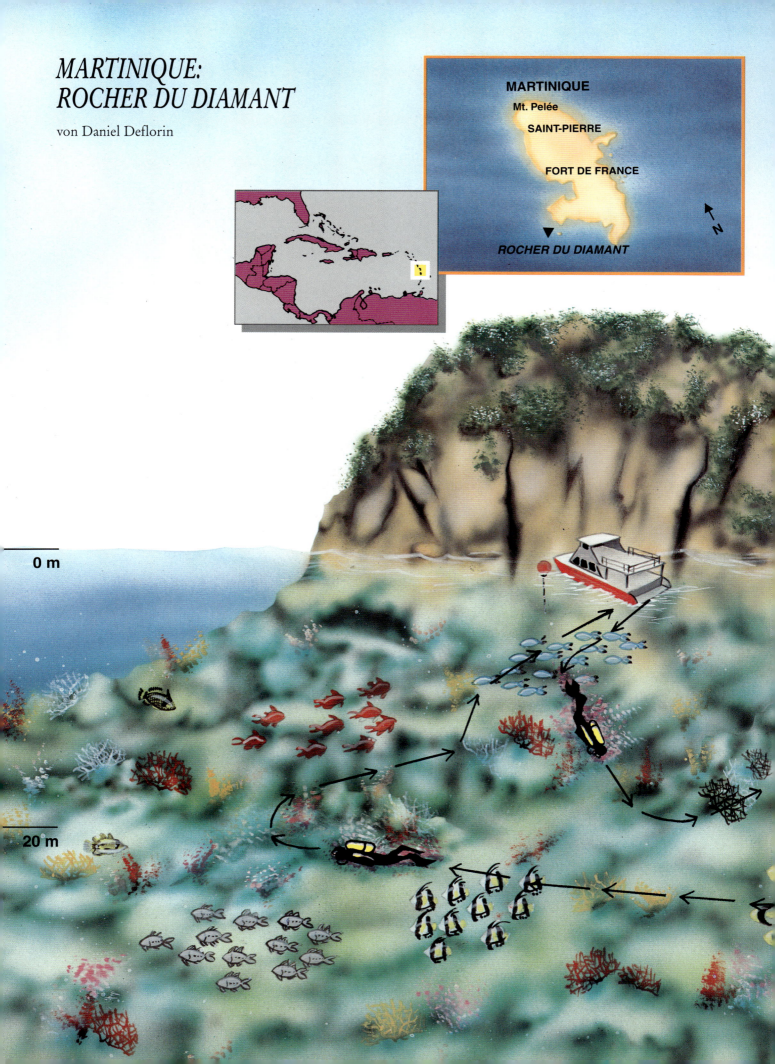

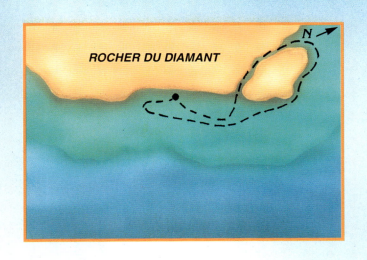
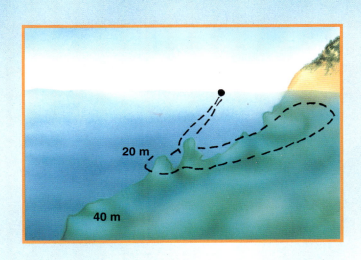

Lage

Dies ist ein Tauchplatz der Sonderklasse, bei dem man unvergeßliche Erlebnisse haben kann – aber er ist Tauchern mit einer gewissen Erfahrung vorbehalten. Er liegt Martinique südlich vorgelagert. Das Boot legt südsüdöstlich vom „Diamantfelsen" an, wo eine Boje in 18 Meter Tiefe verankert ist. Man sollte hier den Morgentauchgang absolvieren – zum einen wegen der Tiefe, zum anderen, weil das die beste Zeit zur Beobachtung vorüberziehender Fische ist.

Der Tauchgang

Wenn man im Freiwasser in das tiefe, dunkle Blau hinabtaucht, wird man von Gelbschwanz-Schnappern und Stachelmakrelen eskortiert. Dann bewegt man sich in 18 Meter Tiefe parallel zur Wand und gelangt zu einer

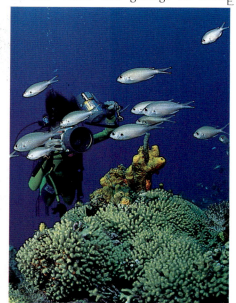

Grotte, in der braune Gorgonienfächer zu bewundern sind, die ihre Arme in der Strömung wiegen. Hier findet man auch zahlreiche Langusten. Etwas weiter öffnet sich im Fels eine etwa zwölf Meter tiefe Schlucht wie eine unterseeische Kathedrale. Geschützt vor jeder Bedrohung entfalten sich an ihren Wänden purpurfarbene Korallen, weiße Gorgonien und eine unendliche Anzahl farbenprächtiger Schwämme. Am Ende dieser 50 Meter langen Schlucht schwimmt man wieder ins freie Wasser hinaus.

A – Wie eine Festung steigt der Rocher du Diamant aus dem Meer, und seine Wände fallen senkrecht 50 bis 60 Meter ab.

B – Ein Schwarm Jacobus-Husarenfische (Myripristis jacobus) *hält sich in der Nähe der schattigen Felsspalte auf, die ihnen tagsüber als Rückzugsplatz dient.*

C – Schwärme von Großaugen-Makrelen patrouillieren rings um den Rocher du Diamant durchs Freiwasser.

D – Schwämme, Gorgonien und Steinkorallen wachsen nur anscheinend planlos und chaotisch. In Wirklichkeit ist das Durcheinander das Ergebnis eines ständigen Kampfes um Lebensraum.

E – Ein Schwarm Ohrfleck-Brassen (Archosargus rhomboidalis) *umringt den Unterwasserfotografen. Sein Motiv ist der Schwamm, der sich auf einer Gelbpinsel-Koralle* (Madracis mirabilis) *niedergelassen hat.*

Der Weg zum Boot zurück führt außen um die Schlucht herum, wobei man an der senkrechten Wand von zwölf Meter Tiefe langsam bis zur Oberfläche hinauftaucht. Die Wand ist durchsetzt von kleinen Höhlen und Spalten. Hier findet man nahezu jede Art von Drückerfischen, Riffbarschen und Lippfischen.

Sehr erfahrene Taucher können an diesem Tauchplatz eine weitere, tiefere Exkursion unternehmen. Sie schwimmen von der Verankerung der Boje hinaus Richtung offenes Wasser und gelangen zu einer herrlichen Steilwand, die von 40 auf 60 Meter Tiefe abfällt. Diese ist voller Höhlen, die weit – und teilweise unübersichtlich – in den Fels hineinführen. Kenntnisse im Höhlentauchen sind deshalb erforderlich. Durch einen Kamin gelangt man wieder zum oberen Rand der Wand. Wenn man Glück hat, kann man bei diesem Tauchgang faszinierende Begegnungen mit Hammerhaien oder mit einem vorüberziehenden Walhai erleben. Der Rocher du Diamant gehört in der Tat zu den Tauchplätzen, an denen man am wahrscheinlichsten Großfische antrifft. Im März und April ziehen Buckel- und Pottwale hier entlang, und das ganze Jahr über durchpflügt eine Delphin-Herde das Wasser zwischen Fels und Küste. Außerordentlich beeindruckend sind auch die Fischadler und tropischen Seevögel, die die Länge und Breite des Himmels auszumessen scheinen.

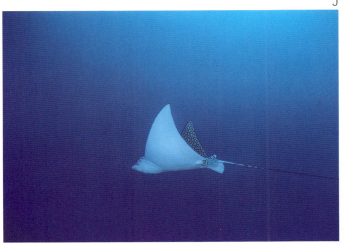

F – Ein kleiner Trauerrand-Zackenbarsch (Epinephelus guttatus) schaut neugierig aus einem Spalt heraus.

G – Der nachtaktive Langstachel-Husar (Holocentrus rufus) pflegt den Tag in den schattigen Partien der Riffs zu verbringen.

H – Um den Rocher du Diamant herum sind Begegnungen mit Zügeldelphinen (Stenella frontalis) nicht selten. Auch andere Großfische und Wale ziehen hier zu bestimmten Zeiten vorbei.

I – Diese Karibische Languste (Palinurus argus) wurde am Eingang ihres Baus am Fuß des Riffs überrascht. In der Paarungssaison unternehmen die Langusten in der Karibik weite Wanderungen.

J – Rund um den Rocher du Diamant herrschen immer Strömungen, so daß Begegnungen mit Gefleckten Adlerrochen (Aetobatis narinari) keine Seltenheit sind.

NIEDERLÄNDISCHE ANTILLEN

von John Neuschwander

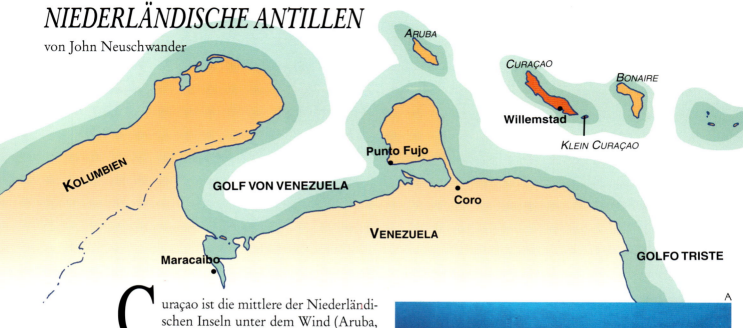

A – In Curaçao wird das Korallenriff beherrscht von Gorgonien aller Arten und Größen. Neben den karibiktypischen Fächergorgonien gibt es strauchartige Formen und rote Seeruten.

Curaçao ist die mittlere der Niederländischen Inseln unter dem Wind (Aruba, Bonaire, Curaçao). Sie liegen im Süden der Karibik nur 60 Kilometer von Venezuela entfernt. Mit 444 Quadratkilometer Fläche ist Curaçao die größte der sogenannten ABC-Inseln. Südwestlich der Hauptinsel liegt das unbewohnte Ödland Klein-Curaçao.

Das Klima auf Curaçao ist heiß und trocken. Die Sonne scheint praktisch das ganze Jahr über, und die nordöstlichen Passatwinde stellen rund ums Jahr eine leichte Abkühlung sicher. Die jährliche mittlere Lufttemperatur liegt bei 27,5 °Celsius.

Geschichte

Curaçao wurde 1499 von Alonso de Ojeda entdeckt. Hier lebten die großgewachsenen Arawak-Indianer, und die Spanier gaben der Insel deshalb den Namen „Isla de los Gigantes". Kaum zwanzig Jahre später erschien dann erstmals der Name Curaçao auf einer portugiesischen Karte. Sein Ursprung ist bis heute nicht geklärt. Am wahrscheinlichsten ist die Hypothese, daß die Spanier selbst die Insel in „Curazon" (Herz) umbenannten. Die Portugiesen, zu jener Zeit die führenden Kartographen, hätten dann dieses Wort in ihre Sprache transkribiert.
Die Insel war der Spanischen Krone unterstellt, bis sie 1634 von den Holländern erobert wurde. Vom Ende des 17. bis zum Beginn des 19. Jahrhunderts stritten sich Engländer und Holländer abwechselnd um die Herrschaft. Auch die Franzosen mischten sich in unverkennbarer Absicht ein, zogen sich aber zurück, nachdem sie eine ansehnliche Abfindung erhalten hatten.
1815 wurde Curaçao endgültig holländisch, obwohl es zu jener Zeit in britischer Hand war. Der Kolonialstatus von Curaçao und der anderen Inseln der Niederländischen Antillen dauerte bis 1954, als sie ihre Unab-

B – Dieser Gefleckte Kofferfisch (Lactophrys bicaudalis) *weist an seiner Flanke Spuren eines kürzlich stattgefundenen Kampfes auf.*

C – Die Lagunen von Klein-Curaçao beherbergen Schildkröten in großer Zahl, die die ruhigen, nahrungsreichen Gewässer und die Ungestörtheit dieser unbewohnten Insel genießen.

D – Der Atlantik-Trompetenfisch (Aulostomus maculatus) *kann sich dank seiner Körperform zwischen den Gorgonien und Schwämmen hervorragend tarnen.*

hängigkeit vom Königreich der Niederlande errangen.

Die koloniale Vergangenheit der Insel wird sorgsam bewahrt. Man findet noch Befestigungsanlagen und die Landhäuser der Plantagenbesitzer im holländischen Stil sowie Höhlenmalereien der Arawaks.

Seit 1970 ist der Tourismus eine der wirtschaftlichen Hauptsäulen der Antillen geworden. Entlang der Südküste Curaçaos entstanden große, moderne Hotelanlagen. Das Meer ist hier immer ruhig – im Gegensatz zur Nordküste, die von riesigen, wilden Wellen gepeitscht wird.

Curaçao hat einen modernen Flughafen und eine ausgezeichnete Infrastruktur, ein Erbe seiner einstigen kolonialen Herren und eine Folge der weiterhin engen Bindungen an Europa. Man kann Curaçao berechtigt als eine europäische Insel im Herzen der Karibik bezeichnen. Es gibt eine breite Palette guter Restaurants und anderer Gaststätten, in denen man zwischen europäischer, chinesischer und italienischer Küche wählen kann. Das „St. Elisabeth Gasthuis" mit 800 Betten ist das modernste Krankenhaus der gesamten Karibik. Dort gibt es auch eine moderne Druckkammer und eine 24-Stunden-Einsatzbereitschaft.

Auf Curaçao findet man Einrichtungen für alle Arten von Sport: Golf, Pferdesport, Radfahren, Fitness, Jet- und Wasserski, Schnorcheln und natürlich Tauchen. Der Februar ist der Karnevalsmonat, und die Bewohner der Insel wissen diese drei Tage ausgelassen zu feiern.

E – Unverwechselbar ist der Spatenfisch (Chaetodipterus faber) *– ganz einfach, weil es keinen ähnlichen Fisch in der Karibik gibt!*

*F – An manchen Tauchplätzen stehen die Schwärme der Franzosen-Grunzer (*Haemulon flavolineatum*) so dicht gedrängt, daß sie die Sicht versperren und einen undurchdringlichen Vorhang bilden.*

Tauchparadies Klein-Curaçao

Zusätzlich zu den prächtigen, unberührten Tauchplätzen findet man auf Klein-Curaçao auch den schönsten Strand. Die Tauchzentren der Hauptinsel organisieren Tagesausflüge zu dieser unbewohnten, nur knapp zwei Quadratkilometer großen Insel. Vor der Küste verläuft ein intaktes Riff, bedeckt mit sehr großen Fächergorgonien und Hornkorallen. In diesen Gewässern finden sich auch die Wracks von Schiffen. Am Riff hinter dem Leuchtfeuer liegt beispielsweise das Wrack des holländischen

Öltankers „Bianca Maria Guidesman", der aufs Riff auflief und nun unaufhaltsam vom Rost zerfressen wird. Die Löcher in seinem Bug und mittschiffs machen dieses Wrack für Fotografen besonders interessant. Abgesehen von einer einzigen Palme ist Klein-Curaçao ohne höhere Vegetation; nur Kakteen und Thallophyten können hier unter der sengenden Sonne bestehen. Auf seine Weise trug auch dieses Inselchen dazu bei, den Wohlstand der Kolonisten zu mehren. Einst war es hügelig und mit grünen Wiesen, Bäumen und Sträuchern bedeckt. Um 1880 erhielt ein Engländer die Erlaubnis, die dicke Phosphatschicht zu schürfen, die der fermentierte Guano gebildet hatte. Die Kolonisten sowohl von Curaçao als auch von Venezuela beanspruch-

A – Die hübschen Flamingozungen (Cyphoma gibbosum) leben immer mit Gorgonien zusammen, von deren Polypen sie sich ernähren.

B – Dieser Karibik-Juwelenbarsch (Cephalopholis fulva) zeigt die typische Färbung seiner Art.

C – Die beiden Grauen Kaiserfische (Pomacanthus arcuatus) stehen sich spiegelbildlich gegenüber. Deutlich erkennt man die blau gesäumten Flossen und die gelben Brustflossen.

D – An einigen Stellen sind Haie angefüttert worden, und unter der wachsamen Anleitung eines Tauchguides kann man sich ihnen nähern.

E – Die Fächer der Gorgonien können bis zu zwei Meter groß werden. Man unterscheidet die beiden Arten Gemeine (Gorgonia ventalina) und Venus-Gorgonie (G. flabellum). Die Unterschiede kann man jedoch beim Tauchen kaum feststellen.

F – Dieses Foto vermittelt einen guten Eindruck vom Reichtum der Riffe Curaçaos, wo Schwämme, Gorgonien, Seefedern und Steinkorallen dicht an dicht wuchern.

G – Dieser abgestorbene Korallenstock, der nun von Schwämmen und anderen Organismen überkrustet wird, bietet einen geschützten Unterstand für verschiedene Grunzer und Schnapper.

ten daraufhin diese Bodenschätze auch als die ihren, und es dauerte nicht lang, bis das vormals hübsche Inselchen bis auf eine trockene, verlassene Ebene abgetragen war.

Mitten auf der Insel steht ein Leuchtturm. Aber der Wärter verließ seine Behausung unter dem Turm, als das Leuchtfeuer automatisiert wurde. Vom Turm aus hat man eine prächtige Weitsicht.

In der Lagune schwimmen zahlreiche Schildkröten, und mehrmals im Jahr nähern sich große Wale der Insel und können vom Dropoff aus gesichtet werden. Vor allem im Winter ziehen mehrere Arten von Walen hier vorbei, darunter auch Buckel- und Pottwale. Mehrfach wurden auch Walhaie gesichtet. Jedes Jahr werden dem Meeresbiologischen Institut von Carmabi mindestens fünf Sichtungen gemeldet.

Tauchen auf der Hauptinsel

Alle Tauchaktivitäten sind auf die Südküste beschränkt, da es an der Nordküste wegen der Passatwinde zu rauh ist. Mit über hundert Tauchplätzen kann Curaçao in die Liste der schönsten Tauchmekkas in der Karibik aufgenommen werden. Man unterscheidet drei Zonen: Der Abschnitt von Westpunt bis zum Leuchtturm von Kaap St. Marie wird „Banda Abao" genannt, zwischen der Bullenbaai und dem Princess Beach Hotel liegt die „Central Curaçao diving area", und daran schließt sich der „Curaçao Underwater Park" an, der bis zum Oostpunt, dem Ostende der Insel, reicht.

Sowohl in Banda Abao als auch im Unterwasserpark gibt es feste Bojen für die Tauchboote, um das Korallenriff zu schonen. Das Riff liegt überall nahe an der Küste und kann im mittleren Tauchbereich über einige Buchten auch mit dem Auto angefahren werden. Der Strand verläuft dort flach ins Wasser, und das Dropoff beginnt nur fünfzig bis hundert Meter davon entfernt. An manchen Stellen stürzt es mehrere hundert Meter tief.

Das Riff selbst ist ein typisches Saumriff mit einer großen Vielfalt an Stein-

und Weichkorallen, Gorgonien, großen Schwämmen, Riff- und Großfischen sowie zahllosen Arten von Wirbellosen. Jeder Tauchgang verspricht Neues und Unerwartetes, beispielsweise eine Schule von Tarpunen oder einen solitär schwimmenden Hammerhai.

Curaçao hat auch einige wirklich schöne Wracks zu bieten. Das größte ist der „Superior Producer", der neben der Hafeneinfahrt von Willemstad liegt. Beim Seaquarium liegt das Wrack des holländischen Dampfschiffs SS „Orange Nassau", das zu Beginn dieses Jahrhunderts dem Riff zum Opfer fiel. Und in der Caracasbaai liegt im Flachwasser das Wrack eines kleinen Schleppers, „Towboat" genannt. Dieses ist leicht erreichbar und schön bewachsen, so daß es als eines der schönsten in der Karibik bezeichnet werden kann. Im Bereich des Princess Beach Hotels liegt in relativ flachem Wasser ein weiterer kleiner Schlepper, die „Saba". Auch „Car Pile", ein Haufen von ausrangierten Autos aus den fünfziger Jahren direkt vor dem Hotelstrand, ist einen Besuch wert. Und wenn man sich aufmerksam umsieht, findet man an vielen Stellen wunderschöne Anker alter Schiffe.

Auf Curaçao kann man vom Boot oder vom Ufer aus tauchen. Es gibt auf der Insel eine Anzahl gut ausgestatteter Tauchzentren, und praktisch jedes große Hotel verfügt über seine eigene Tauchbasis. Sie gehören alle der CDOA an, der Curaçao Diving Operators Association. Auf Curaçao ist das Harpunieren grundsätzlich verboten.

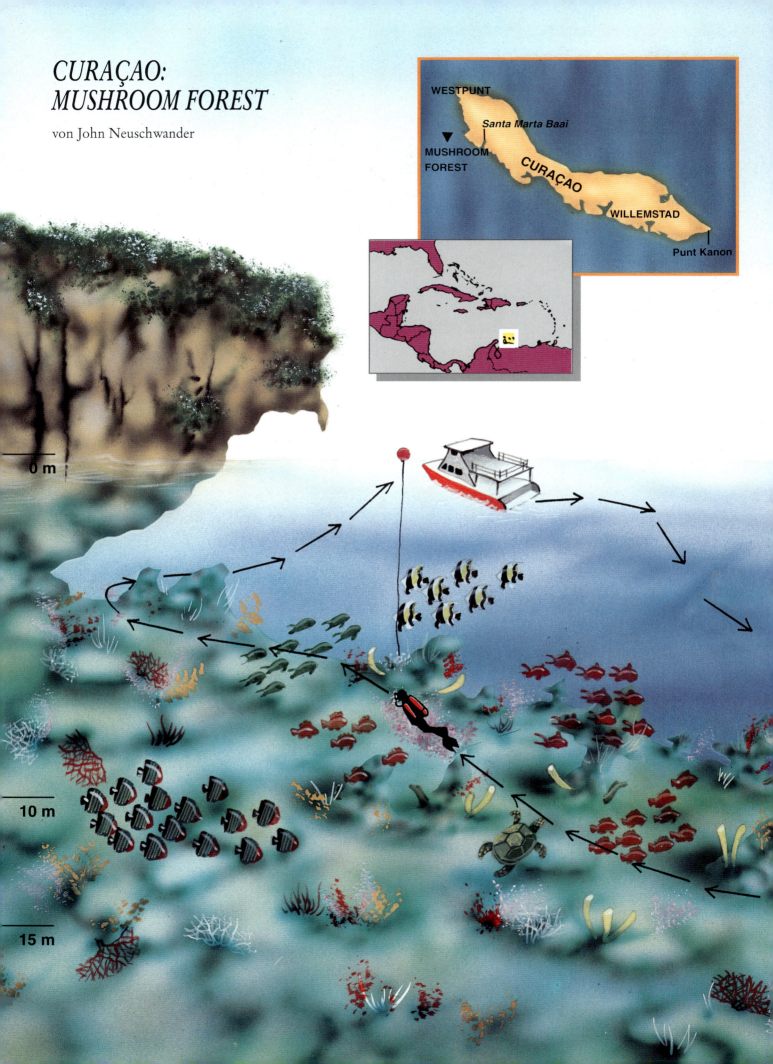

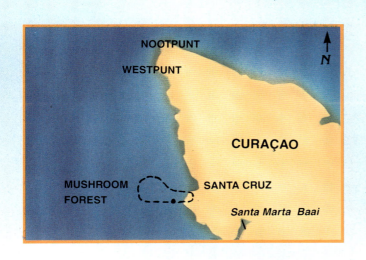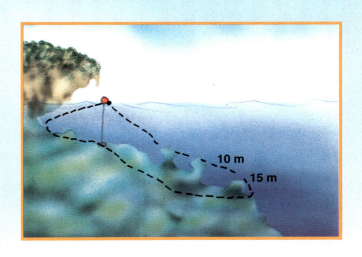

Lage

Dieser „Pilzwald" liegt nicht weit vom Coral Cliff Hotel entfernt an der Banda Aboa im westlichen Bereich der Insel. Mushroom Forest ist einer der schönsten und bizarrsten Tauchplätze, die ich kenne. Hier stehen auf flachem Sandgrund zahlreiche pilzförmige, mehrere Meter hohe Korallenstöcke dicht beieinander. Wie und warum die Stöcke hier die Pilzform entwickelten, ist ein ungelöstes Rätsel. Eine große Bandbreite an Fischen und anderen marinen Lebewesen lebt in und zwischen diesen Stöcken, und nicht selten sieht man hier auch Schildkröten.

A – Im Bereich zwischen zehn und fünfzehn Meter Tiefe stehen diese pilzförmigen Korallenstöcke. Die lebenden Polypen bilden den Hut, und die Stiele sind möglicherweise entstanden, indem Bohrschwämme das tote Korallengestein an der Basis zersetzten.

B – Derartige Kolonien von Block-Sternkorallen (Montastrea sp.) bedecken wie versteinerte Wasserfälle große Teile des Sandgrundes und bilden eine einzigartige Landschaft.

C – Diese kuppelförmigen Korallenformationen, die die umgebenden Korallenblöcke überwuchern, sind typisch für den Mushroom Forest.

D – Von oben betrachtet und nur durch Umgebungslicht beleuchtet wirkt der Mushroom Forest wie ein Tal, dessen Vegetation versteinerte und im Lauf der Zeit erodierte.

E – Warum dieser Fisch Vieraugen-Falterfisch (Chaetodon capistratus) heißt, ist erklärungsbedürftig: Bei der Jugendform sind beiderseits je zwei Augenflecken vorhanden.

F – Unbekannt ist, warum die Pilzform in diesem Bereich so gehäuft auftritt.

G – Eine gigantische Größe hat diese Labyrinth-Hirnkoralle (Diploria labyrinthiformis) erreicht.

H – Diese Krabbe ist mit Dornen und Borsten hervorragend getarnt.

I – Der hübsche Königs-Feenbarsch (Gramma loreto) zeigt ein interessantes Brutverhalten: Das Männchen behält die Eier im Mund, bis die Jungen schlüpfen.

J – Eine Gefleckte Muräne (Gymnothorax moringa) späht aus ihrem Versteck unter einem Pilz hervor.

Der Tauchgang

Diesen Tauchgang sollte man mit einem ortskundigen Führer unternehmen. Zuerst geht es zu den pilzförmigen Korallen. Von der Boje aus taucht man hundert Meter ins freie Wasser hinaus. Wo der Grund tiefer wird, stehen die größten pilzförmigen Korallenstöcke und dominieren die Unterwasserlandschaft.

Wir sind hier im Tiefenbereich um fünfzehn Meter. Zahllose Fische schwimmen um die Korallenformationen herum, und unter diesen verstecken sich langbeinige Langusten sowie Muränen. Winzige, aber großmäulige Schleimfische, die in den

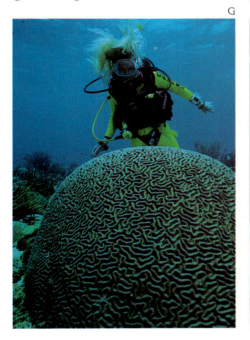

leeren Röhren verschiedener Würmer leben, schwimmen scheinbar bei den Steinkorallen ein und aus.

Gegen Ende des Tauchgangs sind wir wieder in der Nähe der Boje angelangt. Zum Abschluß schwimmen wir zum Küstenkliff hinüber, das unterhöhlt ist. Man kann ohne Gefahr in die so gebildete Grotte eindringen und die gelben Röhrenschwämme bewundern, die an der Decke wachsen. Zahllose kleine Glasbarsche bewohnen die Höhle, außerdem Langusten und verschiedene Arten von Garnelen. Um alles richtig betrachten zu können, muß man aber zum Besuch dieser Grotte eine Lampe mit sich führen.

CURAÇAO: WRACK DES „SUPERIOR PRODUCER"

von John Neuschwander

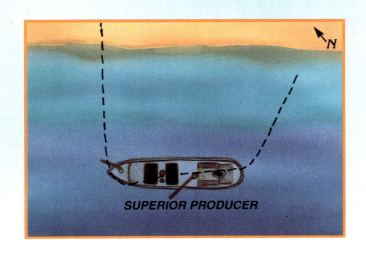
SUPERIOR PRODUCER

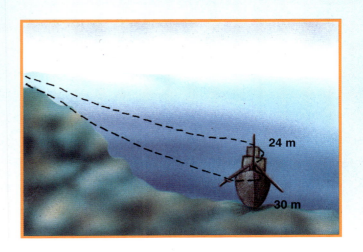
24 m
30 m

A – Mehrere Schiffe eilten dem Havaristen an jenem dramatischen 30. September 1977 zu Hilfe, und man versuchte durch Abwerfen von Ladung die „Superior Producer" zu stabilisieren.

B – Die Crew war an Bord geblieben und rettete sich beim Untergang des Schiffs schwimmend ans Ufer.

C – Die „Superior Producer" wurde gleich nach dem Untergang von der Hafeneinfahrt weggezogen. Sie ruht nun aufrecht auf Sandgrund.

D – Das ganze Schiff ist dicht mit Tubastrea-Korallen (Tubastrea coccinea) besetzt, die sich gegen Abend öffnen und ihre orangefarbigen Tentakel ausstrecken.

E – Das Wrack ist übersichtlich und leicht zu betauchen.

F – Beim Untergang brach der Lademast wie ein Zahnstocher.

G – Dieses Bild zeigt die Laderäume der „Superior Producer". Sie waren hoffnungslos überladen – der Grund für das Scheitern dieses Schiffes.

H – Die stählernen Schiffsteile bildeten ein ideales Hartsubstrat, auf dem sich Hunderte verschiedener Organismen niedergelassen haben, die das korrodierte Metall mit ihren Farben schmücken.

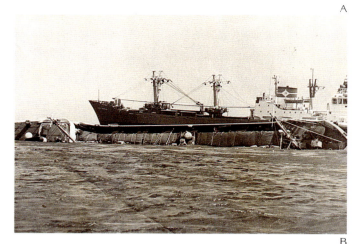

A

B

C

D

Lage

Der „Superior Producer" ist einfach zu betauchen. Von den verschiedenen Tauchbasen werden mehrfach wöchentlich Bootsausfahrten angeboten. Aufregender ist es, sich vom Hubschrauber zur Stelle bringen zu lassen und dann von dessen Kufen aus abzuspringen.

Genausogut kann man aber auch vom Ufer aus tauchen. Das Wrack liegt östlich der Wasserentsalzungsanlage. Man nimmt den Weg Richtung Wassertank und gelangt zu einem Mangrovendickicht. Auf einer Lichtung kann man das Auto stehen lassen und zum Ufer gelangen.

E

Geschichte des Wracks

Das Schiff wurde 1957 in Holland auf der De Rietpol-Werft erbaut und hieß ursprünglich „Andromeda". Es war 49,5 Meter lang, 7,57 Meter breit und hatte einen Tiefgang von 3,25 Meter. Die Sechs-Zylinder-Maschine entwickelte 500 PS und verlieh dem 400-Tonner eine Höchstgeschwindigkeit von zehn Knoten. 1962 wurde das Schiff an die Reederei L. Memeeus N.V. verkauft, erhielt den Namen „Superior Producer" und wurde an die Norfolk Lijn N.V. in Rotterdam verchartert. 1973 wechselte es erneut den Besitzer, und für die Pan-Ven Line S.A. fuhr es bis zum Untergang.

Die Geschichte des Wracks beginnt im September 1977 im Hafen von Willemstad. Die „Superior Producer" war auf dem Weg zur venezolanischen Isla Margaritha, um dort Treibstoff zu bunkern. Sie war schon überladen in Curaçao angekommen, und dort wurde noch weitere Ladung aufgenommen. Laderäume und alle anderen verfügbaren Räume waren vollgestopft mit Ballen von Kleidungsstücken, Papier und Tüchern, mit Kisten voller Whisky und Alkolada, dem berühmten Parfumgrundstoff aus Curaçao. Als die „Superior Producer" am 30. September aus dem Hafen auslief, war das Meer recht rauh. Die Windgeschwindigkeit betrug 50 Stundenkilometer, was selbst für das sturmgewöhnte Curaçao viel ist. Das Schiff war noch nicht aus der Hafeneinfahrt heraus, da begannen die Wellen es bereits zu schütteln, und bei der ersten großen Welle bekam es Schlagseite.

Aber noch schwamm die „Superior Producer". Andere Schiffe eilten dem Havaristen zu Hilfe, und man vertäute ihn neben der Hafeneinfahrt. Die Mannschaft blieb an Bord, obwohl das Schiff gefährlich zu schwanken begann. Vergeblich versuchte man, das Schiff wieder flott zu bekommen, indem man einen Teil der Ladung leichterte. Aber das brachte keine Abhilfe. Um halb drei Uhr nachmittags sank die „Superior Producer" innerhalb weniger Minuten. Die zehn Mitglieder der Besatzung brauchten nur zweihundert Meter weit zum rettenden Strand zu schwimmen.

Bereits wenige Stunden später hatten Taucher Schlepptaue am Schiff befestigt, und es wurde 500 Meter weiter westlich vor die Wasserentsalzungsanlage gezogen, damit es den Zugang zur Hafeneinfahrt nicht blockierte. Über diese Taucher verbreitete sich rasch die Nachricht, daß das Wrack, dessen Kiel auf dem 30 Meter tiefen Meeresgrund aufsaß, leicht zu erreichen war. Und die zahlreichen Taucher Curaçaos beeilten sich, ihren Teil vom überreich beladenen Schiff zu ergattern.

F

G

Der Tauchgang

Am Ufer orientiert man sich an einigen Betonblöcken und geht von dort ins Wasser. Dann schwimmt man gerade auf das Saumriff zu – um Luft zu sparen, an der Oberfläche. Etwa hundert Meter vom Ufer entfernt erreicht man die Riffkante. Hier taucht man ab und folgt dem Riffhang, bis man nach fünfzig Meter das Wrack erkennen kann. Es steht aufrecht auf dem Sandgrund. In den Jahren unter Wasser haben herrliche Tubastrea-Korallen das Substrat besiedelt. Sie sind tagsüber geschlossen, aber im Dämmerlicht und nachts öffnen sie sich und entfalten ihre goldene Pracht.

Der Aufgang hinter der Brücke soll den Hintergrund für ein Taucherfoto abgeben. Während ich noch die beste Position suche, streift etwas meine Schulter: Ein gut 1,5 Meter langer Großer Barrakuda schwimmt um den Mast herum, als wolle er auch fotografiert werden. Im Halbdunkel der Brücke stoße ich auf einen großen Schwarm Langstachel-Husarenfische. Von der Brückeneinrichtung ist nichts erhalten geblieben. Ich spähe durch die offenen Luken in die Laderäume. Sie sind leer. Dennoch macht man da und dort noch einen kleinen Fund. Die Ladebäume auf dem Vorschiff zusammen mit einer Schule farbenprächtiger Kreolen-Lippfische er-

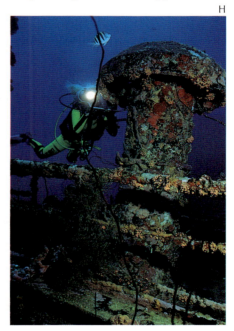

H

geben ein weiteres gutes Fotomotiv. Aufgrund der Tiefe – die Brücke liegt 25 Meter tief – ist die Tauchzeit bald herum. Über den Sandgrund hinweg schwimme ich zum Riff hinüber und von dort aus Richtung Strand.

Beim Tauchen am „Superior Producer" muß man nicht nur auf Luftvorrat und Nullzeit, sondern auch auf Wellen und Strömung achten. Da sich im Strandbereich die Wellen brechen, sollte man beim Betreten und Verlassen des Wassers vorsichtig sein, und wenn man an der Oberfläche zum Wrack hinüberschnorchelt, muß man aufpassen, daß einen die Strömung nicht von der Wrackstelle hinweg verdriftet.

DIE FISCHE DER KARIBIK

Die gewöhnlich als Karibik bezeichneten Gewässer liegen zwischen der tropischen Küstenlinie des amerikanischen Kontinents sowie der Inselkette, die die Grenze zum Atlantik markiert. Diese Wasserfläche ist rund 800 Kilometer breit und nahezu 2000 Kilometer lang. Verglichen mit der Weite des Pazifiks ist das eine bescheidene Ausdehnung: Dort nimmt alleine das Große Barriereriff eine nur wenig kleinere Fläche ein als die Karibik. Betrachtet man die Karibik als einen Teil des Atlantiks, dann ist sie der einzige Teil dieses Weltmeeres, der den Namen eines Korallenmeeres wirklich verdient.

Hier kommen über 600 Arten von Korallenfischen und hundert verschiedene Typen von Steinkorallen vor, von denen sich die meisten erst in relativ jüngerer Zeit (seit 15 bis 10 Millionen Jahren) entwickelten, nachdem sich die Landschwelle Mittelamerikas gebildet und alle Verbindungen des Atlantiks mit dem Pazifik abgeschnitten hatte. Diese Landhebung, verbunden mit anderen Faktoren, hat zwar die Zahl der Familien und Arten in der Karibik reduziert, andererseits aber die Entwicklung einzigartiger Populationen ermöglicht.

Bestimmend in der Karibik sind die gleichnamige Strömung, die von Osten nach Westen fließt, sowie eine hierdurch an der Küste Mittelamerikas hervorgerufene Gegenströmung. Beide Strömungen beeinflussen sich gegenseitig und schaffen zahlreiche wirbelförmige Unterströmungen. Dieses komplexe Strömungssystem ist von großer Bedeutung für das marine Leben, da hierbei die zahllosen Larven einer großen Anzahl von Arten von einem Punkt der Karibik zu anderen transportiert werden. Dies trägt zur Verbreitung der Arten bei und hat dafür gesorgt, daß die Artenverteilung in der gesamten Karibik recht einheitlich ist. Wenn man hier taucht, wird man immer feststellen, daß die Karibik von Schwämmen und Gorgonien dominiert wird. Sie nehmen hier den Platz ein, den beispielsweise im Roten Meer und im Indopazifik die Lederkorallen innehaben.

Die Korallenbänke der Karibik erstrecken sich von Florida bis zu den Bahamas und weiter südlich bis Venezuela. Eine riesige Plattform östlich von Florida reicht mit 3000 Inseln, Keys und Riffen bis zu den Bahamas und schafft so eine lange Barriere, eine der längsten im Atlantik. Die Korallenbänke folgen dem karibischen Inselbogen von Kuba bis Aruba. Die Korallenbarriere vor der Küste von Belize ist 450 Kilometer lang und wird – nach dem australischen – als das zweitlängste Barriereriff betrachtet. Die sogenannten „Blue Holes" sind ein typisches Phänomen dieses Gebietes: Überbleibsel von einst trocken liegenden Höhlen, deren Decken eingebrochen sind und nun tiefblaue Öffnungen in die Abgründe der Höhlenlabyrinthe auftun.

Tauchen in der Karibik bedeutet die Begegnung mit einer bisher unbekannten Unterwasserwelt, in der man neben den uns aus dem Indopazifik vertraut vorkommenden Korallen vor allem riesige Schwämme in unglaublichen Formen und Farben kennenlernt. Sie schauen aus wie große Elefantenohren, Fässer, Ofenrohre oder Kandelaber, sind pinkfarben, rot oder gelb und können so groß sein, daß sich ein Taucher dahinter verstecken kann. Angesichts ihrer Größe ist es nicht überraschend, daß sie auch eine Art Mikrokosmos darstellen, der Schwärme von Rochen, Riffbarschen und Kaiserfischen anzieht, die um sie herumschwimmen, und in ihrem Inneren findet man häufig Seesterne, Seeanemonen, Röhrenwürmer, Krustentiere und weitere Fische (Schleimfische und Grundeln), die sich in den großen Ausströmöffnungen häuslich niedergelassen haben. Flöten- und Skorpionsfische liegen im Schatten der Schwämme auf der Lauer, und manchmal gesellen sich auch die grell gefärbten Königs-Feenbarsche zu ihnen, die eine versteckte Lebensweise bevorzugen.

Neben den Schwämmen sind für die karibischen Riffe die Hornkorallen kennzeichnend. Davon gibt es die verschiedensten Typen: Einige Arten haben ein fächerartiges Verzweigungsmuster und sind schwer voneinander zu unterscheiden (Gemeine Gorgonie, Gorgonia ventalina, und Venusfächer, G. flabellum), andere wachsen busch- oder federartig (Porige Seerute, Pseudoplexaura sp., und Gefiederter Seefederbusch, Pseudopterogorgia bipinnata). Zwischen ihnen – und mit zunehmender Tiefe dominierend werdend – stehen die fein gefiederten Büsche der Schwarzen Korallen (Antipathes sp.).

Je nach ihrer Lage öffnen sich die Riffe entweder zu tiefen Kanälen oder zum offenen Meer. In jedem Falle sind sie reich strukturiert und von Spalten und Höhlen durchzogen. Dort finden zahlreiche Grüne, Gelbaugen- und Goldschwanz-Muränen eine Heimstatt. Die Grünen Muränen, die in der Karibik besonders häufig vorkommen, haben seltsamerweise den unattraktiven und überhaupt nicht zutreffenden wissenschaftlichen Namen Gymnothorax funebris („dunkel"). In den Höhlen und Unterständen finden sich auch viele Zackenbarsche: Karibik-Juwelenbarsche (Cephalopholis fulva), die je nach Stimmung mehr oder weniger gestreiften Nassau-Zackenbarsche (Epinephelus striatus) oder auch die gigantischen Judenfische (Epinephelus itajara). Letztere sind die unbestrittenen Herren der Riffe wie auch der Wracks und erreichen nicht selten Längen von über zwei Meter. Andere, weniger scheue Bewohner der Schattenzonen sind die Husaren- und Soldatenfische sowie Beilbauchfische.

Die meisten in der Karibik vorkommenden Fischfamilien werden dem Taucher, der Erfahrung in tropischen Gewässern hat, vom Typ her vertraut vorkommen, jedoch ist es immer interessant, die spezifischen Arten kennenzulernen und zu bestimmen. Bezaubernd durch ihre langsamen, anmutigen Bewegungen sind die Franzosen-Kaiserfische (Pomacanthus paru) und die Grauen Kaiserfische (P. arcuatus). Letztere werden bis zu 50 Zentimeter lang und scheinen keine Scheu vor dem Taucher zu haben, nähern sich diesem sogar neugierig. Die gelassene Würde dieser Kaiserfische steht in auffälligem Gegensatz zu den hektischen Bewegungen der Falterfische, beispielsweise der Vieraugen-Falterfische (Chaetodon capistratus). Diese sind die häufigsten Vertreter der Familie in der Karibik. Seltener begegnet man dem Karibik-Pinzettfisch (Chaetodon aculeatus), der zwar der Hauptvertreter der Pinzettfische ist, aber tiefere Riffe bevorzugt. Sein langes, spitzes Maul ist perfekt dafür geeignet, in die engsten Spalten zu gelangen und dort die Wirbellosen zu erbeuten, von denen er sich ernährt. Wenn man taucht, ist man immer von den bunt gefärbten Lippfischen umgeben, die mit typisch „springenden" Bewegungen auf Nahrungssuche sind. Zwischen ihnen kann man ohne Mühe den Eber-Lippfisch (Lachnolaimus maximus) ausmachen, der mit seinen hoch aufgestellten Rückenflossenstrahlen wie ein Bannerträger aussieht. Am frühen Nachmittag fallen besonders die Blaukopf-Junker (Thalassoma bifasciatum) ins Auge, da sie dann nahe der Wasseroberfläche ihre Balzrituale vollführen.

Aber nicht alle Fische der Karibik leben einzeln oder paarweise. Bestimmte Arten wie die vielen verschiedenen Schnapper und Grunzer vereinigen sich zu Schwärmen, die teilweise Hunderte von Exemplaren umfassen und wie eine bunte, blau und gelb gefärbte Prozession durchs Wasser ziehen. Im Schwarm stehen auch die großen, bis zu zwei Meter erreichenden Tarpune (Megalops atlanticus). Die Begegnung mit ihnen ist beeindruckend und kann einen Tauchgang unvergeßlich machen. Die Tarpune sind territorial und patrouillieren ständig in ihrem Reich auf und ab. Regungslos lauernd stehen dagegen meistens die Barrakudas, deren große Vertreter dem Taucher Respekt einflößen können. Allgegenwärtig in der Karibik sind auch die Stachelmakrelen. Sie bilden im Freiwasser silberne Wände. Wenn sich in diesen Wänden plötzlich Öffnungen auftun, kann man sicher sein, ein Großtier des offenen Wassers zu sehen – etwa einen Hammerhai, Mantas oder Adlerrochen.

Auf den Sandflächen findet man bei genauerer Betrachtung mehr Leben, als der erste Augenschein gezeigt haben mag. Da leben die großen Stechrochen, allerdings häufig so im Sand vergraben, daß nur die Augen und die Spritzlöcher herausschauen, ferner die Eidechsenfische und viele Grundeln.

Ein Rat zum Schluß für die biologisch Interessierten: Zwischen den Tauchgängen sollte man auch einmal einen Ausflug in eine Lagune unternehmen, die von Mangroven gesäumt ist.

Der einzigartige Lebensraum zwischen den Wurzeln der Mangroven, halb Land, halb Meer, hat für die Fortpflanzung zahlreicher Arten eine große Bedeutung. Zwischen Schwämmen in allen Farben kann man dort Muscheln, Krabben, auf dem Rücken schwimmende Quallen und Jungfische vieler Arten entdecken – und dazwischen kleine Barrakudas, die sich hier jagend auf das Leben in gefährlicherer Umgebung, nämlich dem Freiwasser, vorbereiten.

FAMILIE CARCHARHINIDAE

Tigerhai
Galeocerdo cuvier

Er gehört zu den gefährlichsten Arten unter den Menschenhaien, und vor nahen Begegnungen mit ihm sollte man auf der Hut sein. Erkennungsmerkmale sind die stumpfe Schnauze, der in der Vorderansicht nahezu quadratische Kopf und breite, dunkle Streifen am Körper, die bei älteren Individuen allerdings nicht stark ausgeprägt sind. Die Zähne sind dreieckig und seitlich gezähnt. Tagsüber pflegt der Tigerhai sich in tieferem Wasser aufzuhalten. Nachts zur Jagd auf alle Arten von Beutetieren kommt er nach oben. Der Tigerhai wird bis zu 5,5 Meter lang und ist zirkumtropisch verbreitet.

Bullenhai
Carcharhinus leucas

Kräftiger, spindelförmiger Körper, runde Schnauze und kleine Augen. Der obere Lappen der Schwanzflosse ist deutlich länger als der untere. Die Färbung am Rücken ist bräunlich-grau, auf der Bauchseite heller. Der Bullenhai lebt in flachen Küstengewässern und in der Nähe der Korallenriffe. Er wird als gefährlich betrachtet und für viele Zwischenfälle mit Menschen verantwortlich gemacht. Der Bullenhai erreicht eine Länge von 3,5 Meter und ist zirkumtropisch verbreitet.

FAMILIE GINGLYMOSTOMATIDAE

Karibik-Ammenhai
Ginglymostoma cirratum

Langgestreckter, auf der Bauchseite abgeplatteter Körper, nahe zusammenstehende, etwa gleichgroße Rückenflossen. Der untere Teill der Schwanzflosse fehlt. Das Maul ist klein und unterständig und mit zwei Barteln besetzt. Der Ammenhai lebt auf dem Sandgrund zwischen den Riffen, wo er Schutz zwischen Korallen und in Aushöhlungen findet. Er wird bis zu 4,3 Meter lang und ist im Westatlantik zwischen Rhode Island und Brasilien verbreitet.

FAMILIE DASYATIDAE

Amerikanischer Stechrochen
Dasyatis americana

Dieser Rochen hat eine rhomboide Körperscheibe mit rechtwinklig geformten Brustflossen und spitz zulaufender Vorderfront. Mittig auf dem Rücken verläuft eine Reihe von Höckern. Die Schwanzflosse ist peitschenförmig und trägt im vorderen Drittel einen langen, mit Widerhaken versehenen Stachel. Der Stechrochen neigt dazu, sich im Sandgrund einzugraben. wenn er ruht. Die Färbung ist variabel und reicht von olivbraun bis schwarz. Die jungen Tiere sind heller gefärbt. Der Amerikanische Stechrochen erreicht eine Länge von 1,8 Meter und ist von New Jersey bis Brasilien verbreitet.

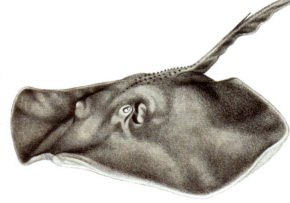

Jamaica-Stechrochen
Urolophus jamaicensis

Scheibenförmiger, nahezu runder Körper, deutlich abgesetzte Schwanzflossen. Am kurzen Schwanz weit hinten giftige Stacheln. Die Färbung ist gelbbraun mit dunklen Flecken unterschiedlicher Größe. Der Jamaica-Stechrochen lebt auf dem Sandgrund in Riffnähe und gräbt sich meist ein. Er kann einen Durchmesser bis zu 76 Zentimeter erreichen und ist von North Carolina bis Brasilien verbreitet.

FAMILIE MYLIOBATIDAE

Gefleckter Adlerrochen
Aetobatus narinari

Dieser Rochen ist leicht an seinem konvexen, spitz zulaufenden Kopf mit großen Augen und breiten seitlichen Spritzlöchern zu erkennen. Der rhombusförmige Körper besitzt breite, spitz zulaufende Brustflossen. Der Schwanz, mit einem, zwei oder drei gezähnten Stacheln, ist etwa dreimal so lang wie der Körper. Die Bauchflossen sind breit und fleischig. Der dunkel gefärbte Rücken ist mit weißen Punkten übersät. Der Körper erreicht eine Breite von zwei und eine Länge von 1,5 Meter, und die Gesamtlänge kann sechs Meter betragen. Die Adlerrochen sind auch in flachem Wasser über sandigem Grund anzutreffen und sind zirkumtropisch verbreitet.

FAMILIE MURAENIDAE

Grüne Muräne
Gymnothorax funebris

Diese Muräne ist an ihrer grünen Färbung leicht zu erkennen. Die Tönung variiert individuell, ist aber stets einfarbig. Die Grüne Muräne ist nachtaktiv und verbirgt sich tagsüber in Höhlen und Spalten des Riffs, oft auch im Flachwasser. Man kann sehr nahe an sie herankommen, jedoch kann sie aggressiv werden, wenn sie provoziert wird. Sie wird bis zu 2,3 Meter lang und ist von Florida bis Brasilien verbreitet.

Gefleckte Muräne
Gymnothorax moringa

Diese schlangenförmige Muräne kommt häufig im Flachwasser mit reichem Korallenbestand vor, wo sie sich tagsüber in Spalten verbirgt. Nachts verläßt sie zur Jagd ihren Unterschlupf. Die Grundfärbung ist gelblich-weiß mit zahlreichen braunen oder rotschwarzen Tupfen. Die Gefleckte Muräne wird bis zu 1,5 Meter lang und ist von South Carolina bis Brasilien verbreitet.

Gelbaugen-Muräne
Gymnothorax vicinus

Diese Muräne erkennt man an den gelben Augen, der schwarz gesäumten Rückenflosse und dem innen violett gefärbten Maul. Sie ist nachtaktiv und lebt auf steinigem Meeresgrund sowie entlang der Riffe. Man findet sie auch im Flachwasser. Sie wird bis zu 1,2 Meter lang und ist von Florida bis nach Brasilien verbreitet. Auch im Ostatlantik um die Kanarischen Inseln herum kann man sie antreffen.

Kettenmuräne
Echidna catenata

Diese Muräne hat einen kräftigen, hochovalen und im hinteren Bereich seitlich abgeflachten Körper. Die Rückenflosse beginnt hinter der Kiemenöffnung. Die Färbung ist gelblich mit braunem Netzmuster, und die Augen sind gelb. Die Kettenmuräne bevorzugt flachen, mit Korallen bestandenen Meeresgrund, auf dem sie viele Unterschlupfmöglichkeiten findet. Sie wird bis zu 50 Zentimeter lang und ist von Florida bis Brasilien verbreitet.

FAMILIE CONGRIDAE

Karibik-Röhrenaal
Heteroconger halis

Schlangenförmiger Körper, spitz zulaufender Kopf mit großen Augen und kleinem Maul. Rückenseite gelbbraun gefärbt. Die Röhrenaale leben in Kolonien auf Sandgründen, in denen sie eine Wohnröhre haben, die sie nie verlassen. Nur ihr Kopf und der vordere Teil des Körpers ragen daraus hervor. Sie werden bis zu 60 Zentimeter lang und sind in der gesamten Karibik verbreitet.

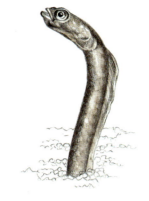

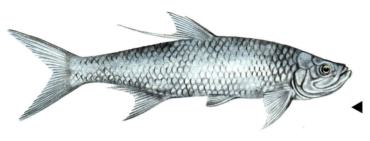

FAMILIE MEGALOPIDAE

Tarpun
Megalops atlanticus

Große Fische mit kräftigem Körper und aufwärts gerichtetem Maul mit vorstehendem Unterkiefer. Der silbrige Körper ist mit großen Rundschuppen bedeckt. Der letzte Strahl der Rückenflosse ist verlängert und läuft filamentartig aus. Die Tarpune leben im Flachwasser von Flußmündungen und Buchten. Sie werden bis zu 2,5 Meter lang und können bis zu 160 Kilogramm wiegen. Ihr Verbreitungsgebiet ist von Virginia bis Brasilien.

FAMILIE ALBULIDAE

Grätenfisch
Albula vulpes

Länglicher Körper mit spitzer Schnauze und großem, unterständigem Maul. Der jeweils letzte Strahl der recht kurzen Rückenflosse sowie der Afterflossen ist fadenförmig verlängert. Der Grätenfisch pflegt bei Flut in die küstennahen, sandigen Flachwasser zu kommen. Man findet ihn sonst auf Korallengründen mit großen Sandflächen und in Riffkanälen. Er wird bis zu einem Meter lang und ist von New Brunswick bis Brasilien verbreitet.

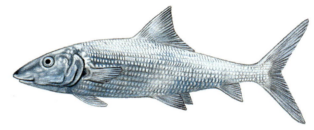

FAMILIE SYNODONTIDAE

Sandtaucher
Synodus intermedius

Kräftiger, länglicher Körper mit abgeplatteter Bauchseite. Weites Maul, in dem man zahlreiche, kleine Zähne sieht. Schwarzer Fleck auf dem Kiemendeckel, dunkle Bänder und gelbliche Längsstreifen auf den Flanken. Diese Art lebt wie alle Eidechsenfische auf dem Sandgrund, in dem er oft fast vollständig vergraben ist. Der Sandtaucher wird bis zu 55 Zentimeter lang und ist von North Carolina bis Brasilien verbreitet.

FAMILIE ANTENNARIDAE

Augenfleck-Anglerfisch
Antennarius multiocellatus

Gedrungener, rundlicher Körper, hochrückig mit hoher Rückenflosse. Brust- und Bauchflossen verdickt und zum Aufstützen umgestaltet. Der erste Stachelstrahl der Rückenflosse ist in eine lange „Angel" umgestaltet, mit der Beutefische angelockt werden. Der Anglerfisch lauert, blendend getarnt und insbesondere farblich dem Untergrund angepaßt, unbeweglich, bis die Beute nahe genug heran ist. Wird er erschreckt, verdunkelt sich die Färbung. Drei kennzeichnende Augenflecken auf der Schwanzflosse, ein weiterer am Ansatz der Rückenflosse. Der Augenfleck-Anglerfisch wird bis zu 14 Zentimeter lang und ist von Florida bis in die Karibik verbreitet.

Ocellus-Anglerfisch
Antennarius ocellatus

Ähnlich dem Augenfleck-Anglerfisch (siehe oben), jedoch mit anderen Augenflecken: je einer, hell umrandet, auf Rücken- und Schwanzflosse sowie auf der Flanke. Er ist sowohl auf Steinkorallen als auch auf sandigem oder schlammigem Grund zu finden. Die Farbe variiert zwischen rotbraun und bräunlich-gelb. Der Ocellus-Anglerfisch wird bis zu 38 Zentimeter lang und ist von North Carolina bis in die Karibik verbreitet.

FAMILIE OGCOCEPHALIDAE

Gelbflossen-Seefledermaus
Ogcocephalus cubifrons

Seltsam scheibenförmiger Fisch mit dreieckigem Kopf und beinartigen Brustflossen. Rückenflossen stumpfartig, erster Rückenflossenstrahl mit angelartigem Köder. Die Flanken sind mit kleinen dunklen Punkten übersät. Lebt sowohl auf steinigem als auch auf sandigem Grund und vergräbt sich in letzterem häufig. Die Gelbflossen-Seefledermaus wird bis zu 38 Zentimeter lang und ist um Florida und die Bahamas verbreitet.

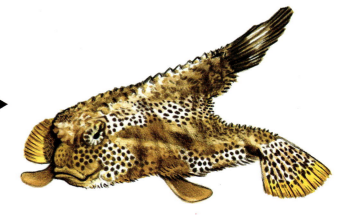

FAMILIE HOLOCENTRIDAE

Langstachel-Husar
Holocentrus rufus

Kompakter, seitlich abgeflachter Körper. Zweigeteilte Rückenflosse, wobei der vordere Teil kräftige Stachelstrahlen mit weißen Spitzen aufweist, die meist in einer Nut zusammengelegt werden. Der hintere Teil ist weit zum Schwanzstiel hin verlagert. Tagsüber halten sich die Husarenfische in Höhlen und unter Überhängen auf. Nachts gehen sie auf die Jagd nach Schalen- und Krustentieren sowie Stachelhäutern. Die Langstachel-Husaren werden bis zu 28 Zentimeter lang und sind von den Bermudas bis nach Venezuela verbreitet.

Gewöhnlicher Husar
Holocentrus ascensionis

Sehr ähnlich dem Langstachel-Husar, jedoch ist der vordere Teil der ersten Rückenflosse gelb. Hält sich tagsüber in dunkleren Bereichen des Riffs auf. Bevorzugter Lebensraum sind flache Korallengründe mit vielen Spalten und kleinen Höhlen. Der Gewöhnliche Husar wird bis zu 35 Zentimeter lang und ist von North Carolina bis Venezuela verbreitet.

Schwarzstreifen-Soldatenfisch
Myripristis jacobus

Die Soldatenfische ähneln den Husarenfischen, weisen jedoch keinen Stachel auf dem Kiemendeckel auf. Färbung rot mit einem dunklen Streifen am hinteren Rand des Kiemendeckels. Die Soldatenfische halten sich tagsüber in Höhlen auf, wo sie häufig kopfüber an der Höhlendecke schwimmen, weil das Licht vom Sandgrund zurückgestrahlt wird. Diese Art wird bis zu 20 Zentimeter lang und ist von Georgia bis Brasilien sowie auch im Ostatlantik bei den Kapverden verbreitet.

FAMILIE FISTULARIIDAE

Blauflecken-Flötenfisch
Fistularia tabacaria

Langgestreckter Körper, röhrenförmige Schnauze und endständiges Maul. Die beiden mittleren Strahlen der Schwanzflosse sind filamentartig verlängert. Den Blauflecken-Flötenfisch findet man bei Seegraswiesen und über dem Sandgrund nahe bei Riffen. Die Tiere leben alleine oder in kleinen Gruppen. Die Flötenfische werden bis zu 1,8 Meter lang und sind von Nova Scotia bis Brasilien verbreitet.

FAMILIE AULOSTOMIDAE

Atlantik-Trompetenfisch
Aulostomus maculatus

Langgestreckter Körper, röhrenförmige Schnauze und endständiges Maul mit einer dünnen Bartel am etwas vorstehenden Unterkiefer. Die erste Rückenflosse besteht aus acht bis zwölf einzeln stehenden Stachelstrahlen. Der Trompetenfisch lebt in der Nähe des Riffs. Dort tarnt er sich zwischen den Hornkorallen durch Farbwechsel und senkrechte Schwimmhaltung. Auffallend ist auch, daß er auf Papageifischen „reitet" und so in die Nähe seiner Beute gelangt. Dem Taucher gegenüber ist der Trompetenfisch scheu. Diese Art erreicht eine Länge von einem Meter und ist von Florida bis Brasilien verbreitet.

FAMILIE SYNGNATHIDAE

Streifen-Seepferdchen
Hippocampus erectus

Der Körper dieses einzigartig geformten Fisches besteht auch knochigen Ringen, und der Kopf sitzt abgewinkelt darauf. Seepferdchen findet man vor allem zwischen dichten Pflanzenbeständen, wo sie sich mit dem Schwanz an Algenstengeln verankern können. Sie werden bis zu 17 Zentimeter lang und sind von Nova Scotia bis Argentinien verbreitet.

FAMILIE SCORPAENIDAE

Gebänderter Skorpionsfisch
Scorpaena plumieri

Massiger Kopf mit Stacheln und Hautfransen. Färbung grünlich-braun mit rötlichen Abschattierungen. Drei dunkle, senkrecht verlaufende Bänder auf dem Schwanz. Innenseite der Brustflosse dunkel mit kleinen weißen Markierungen. Der Gebänderte Skorpionsfisch ist die häufigste Art aus der Familie der Drachenköpfe; er lauert bewegungslos auf dem Grund liegend auf Beutetiere. Die Art wird bis zu 40 Zentimeter lang und ist von New York bis Brasilien verbreitet.

FAMILIE SERRANIDAE

Judenfisch
Epinephelus itajara

Dies ist einer der größten Zackenbarsche im Atlantik und besitzt einen massigen Körper mit großem, abgeflachtem Kopf. Die Grundfärbung ist grünoliv mit kleinen schwarzen Punkten. Gewöhnlich lauert der Judenfisch in Höhlen oder Wracks auf Beute. Schon seine Größe – er wird bis zu 2,4 Meter lang – macht ihn potentiell gefährlich. Judenfische findet man von Florida bis Brasilien sowie im Ostatlantik von Senegal bis zum Kongo.

Roter Zackenbarsch
Epinephelus morio

Kräftig gebauter Fisch mit mächtigem Kopf. Der zweite Rückenflossen-Hartstrahl ragt über die anderen hinaus. Schwanzrand gerade, Schwanzwurzel bei erwachsenen Tieren gepunktet. Der Rote Zackenbarsch lauert häufig bei Felsriffen unbeweglich auf Beute. Er wird bis zu 90 Zentimeter lang und ist von Massachusetts bis Brasilien verbreitet.

Nassau-Zackenbarsch
Epinephelus striatus

Kräftiger Körper mit durchgehender Rückenflosse und schwarzem Fleck am Schwanzstiel. Häufiger Fisch auf korallenbestandenem Sandgrund, wo er sich selten weit von seiner Wohnhöhle entfernt. Dieser Zackenbarsch kann seine Färbung schnell ändern, wenn er erschreckt oder seine Neugier erregt wurde. Zur Eiablage versammeln sich Schwärme mit Tausenden von Exemplaren. Der Nassau-Zackenbarsch wir bis zu einem Meter lang und ist von North Carolina bis Brasilien weit verbreitet.

Blutroter Juwelenbarsch
Cephalopholis cruentatus

Kleiner Zackenbarsch mit der typischen massigen Körperform und abgerundetem Schwanz. Auf hellem Grund über den ganzen Körper verteilt zahllose rötliche Punkte. Dieser Juwelenbarsch lebt in Korallengründen vom Oberflächenbereich bis in 60 bis 70 Meter Tiefe. Er wird 30 Zentimeter lang und ist von Florida bis Brasilien verbreitet.

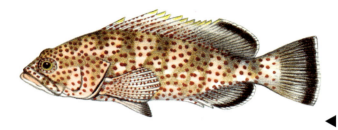

Trauerrand-Zackenbarsch
Epinephelus guttatus

Einer der häufigsten Zackenbarsche im flacheren Bereich des Korallenriffs, wo man ihn häufig unbeweglich am Boden lauern sieht. Helle Grundfärbung mit rötlichen Markierungen. Rücken-, After- und Schwanzflosse mit schwarzen Rändern. Der Trauerrand-Zackenbarsch wird 60 Zentimeter lang und ist von Florida bis Brasilien verbreitet.

Karibik-Juwelenbarsch
Cephalopholis fulva

Typische Körperform der Zackenbarsche mit gerader oder leicht gerundeter Rückenflosse. Die Färbung ist, abhängig von der Tiefe, unterschiedlich. Drei Farbvarianten sind bekannt. Typische Merkmale sind je zwei schwarze Markierungen an Unterlippe und Schwanzstiel. Der Karibik-Juwelenbarsch lauert meistens unweit seiner Wohnhöhle am Meeresgrund. Dem Taucher gegenüber ist er relativ scheu. Er wird bis zu 40 Zentimeter lang und ist von Florida bis Brasilien verbreitet.

Tiger-Zackenbarsch
Mycteroperca tigris

Kräftiger Körperbau mit neun dunklen Bändern seitlich über heller Grundfärbung, die der Zeichnung des Tigerfells ähneln. Die Grundfärbung kann auch rötlich sein, die Bänder bis zu schwarz. Die Jungfische dagegen sind gelb gefärbt. Der Tiger-Zackenbarsch lebt in gut geschützten Bereichen des Riffs. Er wird bis zu 85 Zentimeter lang und ist von Florida bis Brasilien verbreitet.

Schwarzer Zackenbarsch
Mycteroperca bonaci

Länglicher, kräftiger Körperbau, Ende der Rücken- und Afterflosse charakteristisch gerundet. Die Farbzeichnung – rechteckige Flecken auf hellem Grund – ist variabel und reicht von rotbraun bis schwarz. Schwarzer Saum an Rücken-, After- und Schwanzflossen. Der Schwarze Zackenbarsch lebt am Riff, sucht aber häufig auch das Freiwasser auf. Er wird bis zu 1,3 Meter lang und ist von Massachusetts bis Brasilien verbreitet.

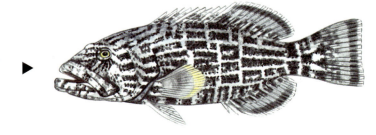

Sand-Zackenbarsch
Diplectrum formosum

Kleinere, schlankere Zackenbarsch-Art mit rundlichem Körper. Helle Grundfärbung mit blauen Längsstreifen an Kopf und Flanken sowie dunklen, senkrechten Bändern. Der Sand-Zackenbarsch lebt auf Seegraswiesen oder Sandgrund und gräbt sich dort Wohnhöhlen. Er wird bis zu 25 Zentimeter lang und ist von North Carolina bis Uruguay verbreitet.

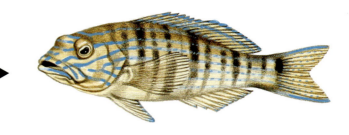

Großer Seifenbarsch
Rypticus saponaceus

Spitzes, konkaves Kopfprofil, vorstehender Unterkiefer. Die Rückenflosse ist nach hinten verlagert und hinten abgerundet. Die Seifenbarsche leben versteckt im Flachwasser am Riff oder auf dem Sandgrund. Wenn sie gereizt werden, können sie einen für andere Fische giftigen Schleim produzieren. Sie werden bis zu 33 Zentimeter lang und sind von Florida bis Brasilien sowie auch im Ostatlantik verbreitet.

Butter-Hamletbarsch
Hypoplectrus unicolor

Hochrückiger, seitlich abgeflachter Körper. Die untere Kante des Kiemendeckels ist fein gezähnt. Grundfärbung cremefarbig bis blaugrün mit charakteristischem schwarzem Fleck auf der Schwanzwurzel. Der Hamletbarsch lebt im Korallenriff, wo er sich in der Nähe des Meeresgrunds aufhält. Er wird bis zu 13 Zentimeter lang und ist von Florida bis Brasilien verbreitet.

Braunband-Hamlet
Hypoplectrus puella

Körperform wie beim Butter-Hamletbarsch, aber eine Farbvariante mit braungelben Bändern und einem dunklen, dreieckigen Fleck in Körpermitte. Lebt vorzugsweise im Flachwasser über Felsgrund oder am Korallenriff bis in 23 Meter Tiefe. Man kann sich ihm nähern, aber er ist schnell bereit, zu fliehen und sich in Höhlen zu verstecken. Der Braunband-Hamlet wird bis zu 13 Zentimeter lang und kommt von Florida bis zu den Westindischen Inseln vor.

Indigo-Hamlet
Hypoplectrus indigo

Körperform wie beim Butter-Hamletbarsch. Farbkleid bläulich mit senkrechten, weißen Bändern. Lebt vorzugsweise auf korallenbestandenem Meeresgrund und schwimmt nahe am Boden. Wie die anderen Varianten kann man sich ihm behutsam nähern. Der Indigo-Hamlet wird 13 Zentimeter lang und ist regional bei Florida, den Cayman-Inseln und vor Belize zu finden.

Tabak-Sägebarsch
Serranus tabacarius

Länglicher Körper mit breiten, bräunlich-orangen Längsstreifen. Diese Art lebt im Übergangsbereich von Korallenriff und Sandgrund auf Sand und Geröll. In Tiefen unter 50 Meter häufig in Gruppen anzutreffen. Der Tabak-Sägebarsch wird bis zu 18 Zentimeter lang und ist von Florida bis Brasilien verbreitet.

Harlekin-Sägebarsch
Serranus tigrinus

Kleine Art mit länglichem, seitlich abgeflachtem Körper und spitzer Schnauze. Die Kiemendeckel haben Dornen und gezähnte Kanten. Namengebend sind die dunklen, tiger-ähnlichen Bänder auf gelblicher Grundfärbung. Breites schwarzes Band auf dem Schwanzstiel, Spitzen der Schwanzflossenlappen gelb gefärbt. Der Harlekin-Sägebarsch lebt auf korallinem Grund oder über Seegraswiesen. Er wird bis zu 15 Zentimeter lang und ist in der Karibik weit verbreitet und häufig.

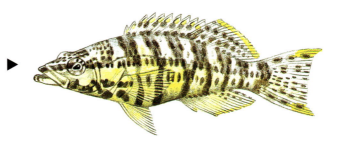

Pfefferminz-Höhlenbarsch
Liopropoma rubre

Kleiner Fisch mit länglicher Körperform, geteilter Rückenflosse und kräftiger Schwanzwurzel. Rotbraune und gelbe Seitenstreifen. Schwarze Markierungen auf der zweiten Rücken-, der After- und der Schwanzflosse. Häufiger Fisch, der sich jedoch in Höhlen und Spalten verbirgt und deshalb nur selten gesichtet wird. Der Pfefferminz-Höhlenbarsch wird bis zu acht Zentimeter lang und ist von Florida bis Venezuela verbreitet.

FAMILIE GRAMMITIDAE

Königs-Feenbarsch
Gramma loreto

Kleiner Fisch mit charakteristischer Färbung, halb purpur, halb gelb. Lebt in kleinen Gruppen in Höhlen und Spalten und schwimmt dort kopfüber mit dem Bauch zur Höhlendecke. Der Königs-Feenbarsch wird bis zu acht Zentimeter lang und ist von den Bermudas bis Venezuela verbreitet, nicht aber in Florida.

FAMILIE APOGONIDAE

Augenstreifen-Kardinalfisch
Apogon maculatus

Kleiner, kräftig gebauter Fisch mit spindelförmigem Körper und zwei etwa gleich großen Rückenflossen. Färbung leuchtend rot mit je einem schwarzen Fleck auf dem Kiemendeckel sowie unter der zweiten Rückenflosse. Namengebend sind zwei weiße Streifen durchs Auge. Der Augenstreifen-Kardinalfisch zieht flaches Wasser vor und verweilt tagsüber in Höhlen und Spalten. Er wird bis zu 13 Zentimeter lang und ist von Florida bis nach Venezuela verbreitet.

FAMILIE CIRRHITIDAE

Karibik-Korallenwächter
Amblycirrhitus pinos

Kleiner Fisch mit hochrückigem Körper und zugespitzter Schnauze. Die Hartstrahlen der Rückenflosse haben verzweigte Enden. Grundfarbe creme mit dunkleren Streifen sowie leuchtend roten Punkten an Kopf, Rücken und Rückenflosse. Der Karibik-Korallenwächter lebt auf Korallen, auf denen er in Lauerstellung sitzt. Er wird bis zu elf Zentimeter lang und ist von Florida bis Venezuela sowie im Ostatlantik bis St. Helena verbreitet.

FAMILIE PRIACANTHIDAE

Glasaugenbarsch
Heteropriacanthus cruentatus

Spindelförmiger, seitlich abgeflachter Körper mit stumpfem Kopf und schräg stehendem Maul. Sehr große Augen. Färbung rötlich mit häufig auftretenden silbrigen Bändern. Der Glasaugenbarsch zieht flacheres Wasser vor und verbringt den Tag an nicht so hell beleuchteten Stellen. Er wird bis zu 30 Zentimeter lang und ist zirkumtropisch verbreitet.

FAMILIE MALACANTHIDAE

Sand-Torpedobarsch
Malacanthus plumieri

Langgestreckter Körper mit durchlaufender Rückenflosse sowie langer Afterflosse. Sichelförmige Schwanzflosse mit verlängerten Schwanzlappen. Färbung gelblich und hellblau mit gelben und blauen Streifen am Kopf. Schwanz häufig gelb mit einem dunklen Punkt. Der Sand-Torpedobarsch lebt auf Sand- und Geröllgrund, wo er sich eine Wohnhöhle gräbt. Er wird bis zu 60 Zentimeter lang und ist von North Carolina bis Brasilien verbreitet.

FAMILIE CENTROPOMIDAE

Snook
Centropomus undecimalis

Kräftiger, länglicher Körper mit zugespitztem Kopf und leicht konkaver Stirn. Zweigeteilte Rückenflosse. Dunkle Seitenlinie, die sich bis zum Schwanzende zieht. Der Snook lebt in flachen Küstengewässern mit Mangroven und wandert auch in die Flüsse hinauf. Er wird bis zu 1,4 Meter lang und ist von South Carolina bis Brasilien verbreitet.

FAMILIE CARANGIDAE

Pferde-Makrele
Caranx hippos

Hochrückiger und langgestreckter Körper mit steiler Stirn. Dünner Schwanzstiel und charakteristisch gegabelter Schwanz. Die Jungfische leben in Gruppen und kommen häufig in Küstengewässern vor, während die Adulten solitär schwimmen und das offene Meer beziehungsweise die Außenbereiche des Riffs vorziehen. Die Pferde-Makrelen werden bis zu einem Meter lang und sind von Nova Scotia bis Uruguay sowie im Ostatlantik bis St. Helena verbreitet.

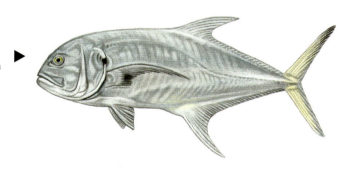

Blaurücken-Makrele
Carangoides ruber

Länglich-ovaler Körper mit silbriger Färbung. Charakteristisch ist ein blauer und schwarzer Streifen unter den Rückenflossen, der sich bis in den unteren Lappen der Schwanzflosse fortsetzt. Die Blaurücken-Makrelen leben in Schwärmen beträchtlicher Größe zusammen. Häufig folgen sie den Schulen von Meerbarben oder den Stechrochen, um die von diesen aus dem Sandgrund aufgewirbelten Wirbellosen zu erbeuten. Sie werden bis zu 60 Zentimeter lang und sind von New Jersey bis Venezuela verbreitet.

Regenbogen-Makrele
Elagatis bipinnulatus

Langgestreckter, spindelförmiger Körper mit zwei hellblauen Längsstreifen, die durch einen grünen oder gelblichen Streifen getrennt werden. Gelbe Schwanzflosse. Dieser Fisch des offenen Wassers kommt häufig auch in den Außenbereich des Korallenriffs. Die Regenbogen-Makrelen leben im Schwarm und scheinen von den Luftblasen der Taucher angezogen zu werden. Sie werden bis zu 1,2 Meter lang und sind zirkumtropisch verbreitet.

Großaugen-Makrele
Caranx latus

Relativ hochrückiger, seitlich abgeflachter Körper. Große Augen. Durch den gelben Schwanz von anderen Stachelmakrelen unterscheidbar. Die Großaugen-Makrelen leben im Schwarm im Freiwasser über tiefen Riffen und vermischen sich häufig mit anderen Stachelmakrelen. Sie werden bis zu 70 Zentimeter lang und sind von New Jersey bis Brasilien verbreitet.

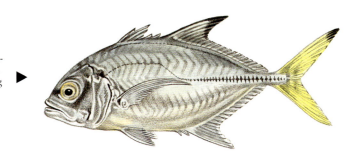

Palometa
Trachinotus goodei

Länglich-rhomboider Körper, charakteristische, schwarze Verlängerungen der äußeren Flossenstrahlen an Rücken- und Afterflosse. Silbernes Farbkleid mit drei bis fünf senkrechten, dunklen Bändern. Die Palometas leben in Küstengewässern zwischen den Korallenformationen. Sie werden bis zu 50 Zentimeter lang und sind von Massachusetts bis Argentinien sowie auch im Ostatlantik verbreitet.

FAMILIE LUTJANIDAE

Gelbschwanz-Schnapper
Ocyurus chrysurus

Länglicher Körper mit deutlich gegabeltem Schwanz und zugespitzten Flossenlappen. Gelber Längsstreifen und gelber Schwanz, darüber Rücken blau mit gelben Flecken. Der Gelbschwanz-Schnapper schwimmt alleine oder in kleinen Gruppen über dem Riff oder über Seegraswiesen und ist hauptsächlich nachtaktiv. Er kann bis zu 75 Zentimeter lang werden und ist von Massachusetts bis Brasilien, im Ostatlantik bis zu den Kapverden verbreitet.

Hammel-Schnapper
Lutjanus analis

Kräftiger, hochrückiger Körper und charakteristische spitze Afterflosse. Die Färbung ist olivgrün mit schwarzen Bändern, die aber nur bei den größeren Exemplaren deutlich ausgeprägt sind. Die ausgewachsenen Hammel-Schnapper ziehen felsige und korallenbestandene Meeresgründe vor, während die jüngeren häufig über Sandgrund und Seegraswiesen zu sehen sind. Diese Art wird bis zu 75 Zentimeter lang und ist von Massachusetts bis Brasilien verbreitet.

Cubera-Schnapper
Lutjanus cyanopterus

Länglicher, aber kräftiger Körper, Färbung gräulich mit rötlichen Reflexionen an der Bauchseite. Große Lippen. Lebt bevorzugt über tiefem, felsigem oder korallenbestandenem Meeresgrund. Jungfische sieht man häufiger im Küstenbereich. Der Cubera-Schnapper wird bis zu 1,6 Meter lang und ist von New Jersey bis Brasilien verbreitet.

FAMILIE HAEMULIDAE

Schweins-Grunzer
Anisotremus virginicus

Hochrückiger, seitlich stark abgeflachter Körper mit steiler Vorderfront. Zwei charakteristische schwarze Streifen am Kopf, am Körper eine Reihe gelber und blauer Längsstreifen. Schwimmt tagsüber inaktiv alleine oder in kleinen Gruppen über dem Riff. Die Jungtiere betätigen sich als Putzerfische. Die Schweins-Grunzer werden bis zu 40 Zentimeter lang und sind von Florida bis Brasilien verbreitet.

Blaustreifen-Grunzer
Haemulon sciurus

Hochrückiger, seitlich stark abgeflachter Körper. Schmale, gelbe und blaue Längsstreifen von der Schnauze bis zum Schwanzstiel. Zweite Rückenflosse und Schwanzflosse schwarz. Der Blaustreifen-Grunzer bildet große Schwärme, die in Küstennähe über Geröll- oder Sandgründen stehen. Er wird bis zu 45 Zentimeter lang und ist von South Carolina bis Brasilien verbreitet.

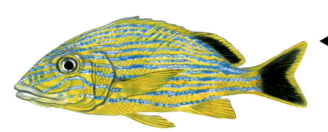

Franzosen-Grunzer
Haemulon flavolineatum

Hochrückiger Körper mit zugespitzter Schnauze und kleinem Maul. Zahlreiche gelbliche Streifen, die über der Seitenlinie horizontal verlaufen, darunter diagonal. Der Franzosen-Grunzer bildet Schwärme mit bis zu tausend Individuen, die vorzugsweise über Korallengründen stehen. Er wird bis zu 30 Zentimeter lang und ist von South Carolina bis Brasilien verbreitet.

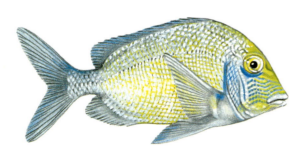

FAMILIE SPARIDAE

Großaugen-Brasse
Calamus calamus

Hochrückiger, seitlich abgeflachter Körper, steile Front, stumpfschnäuzig. Bläulich-graue Färbung. Blaue Linien unter dem Auge und blauer Achselfleck. Zwischen Augen und Maul Gelbfärbung. Die Großaugen-Brassen leben über dem Sandgrund zwischen den Riffen. Sie werden bis zu 40 Zentimeter lang und sind von North Carolina bis Brasilien verbreitet.

FAMILIE SCIAENIDAE

Grauer Trommler
Odontoscion dentex

Länglicher, seitlich abgeflachter Körper mit großem, schräg stehendem, endständigen Maul. Rötliche Färbung mit einem schwarzen Fleck an der Basis der Brustflosse. Der Graue Trommler bevorzugt felsigen und flachen Meeresgrund und hält sich in den dunkleren Bereichen auf. Er wird bis zu 25 Zentimeter lang und ist von Florida bis Brasilien verbreitet.

Wimpel-Ritterfisch
Equetus lanceolatus

Körpervorderteil hochrückig, Hinterteil sich stark verjüngend. Charakteristische, hohe vordere Rückenflosse, vor allem bei den Jungtieren ausgeprägt. Von der Spitze der vorderen Rückenflosse bis zur Schwanzflosse verläuft sichelförmig ein schwarzer Streifen. Weitere schwarze Streifen am Vorderkörper und Kopf. Der Wimpel-Ritterfisch lebt bevorzugt in den dunkleren Bereichen des Riffs und in Höhlen. Er wird bis zu 25 Zentimeter lang und ist von South Carolina bis Brasilien verbreitet.

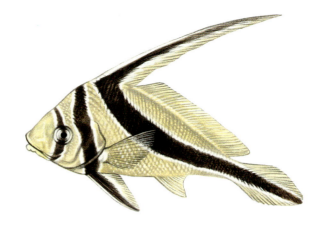

Streifen-Ritterfisch
Pareques acuminatus

Vorderer Körperbereich hochrückig, Hinterbereich sich verjüngend, kräftige, halbrunde Schwanzflosse. Prononcierte vordere Rückenflosse. Grundfärbung rotbraun mit weißlichen Längsstreifen. Der Streifen-Ritterfisch hält sich vorwiegend in der Nähe von Nischen und dunkleren Bereichen im Flachwasser über felsigem oder korallinem Grund auf. Er wird bis zu 23 Zentimeter lang und ist von South Carolina bis Brasilien verbreitet.

FAMILIE MULLIDAE

Gelbe Meerbarbe
Mulloidichthys martinicus

Langgestreckter Körper, Schnauze etwas zugespitzt, leicht konvexe Front. Helle Flanke, leicht oliv angehauchter Rücken, gelber Längsstreifen vom Auge bis zur Schwanzflosse. Alle Flossen ebenfalls gelb gefärbt. Die Gelbe Meerbarbe bildet kleine Gruppen, die über den Sandgründen neben den Riffen stehen. Sie wird bis zu 40 Zentimeter lang und ist von der Karibik bis zu den Kapverden im Ostatlantik verbreitet.

Gefleckte Meerbarbe
Pseudopeneus maculatus

Langgestreckter Körper mit leicht zugespitzter Schnauze. Am Kiemendeckel ein Dorn, der in manchen Fällen deutlich hervorsteht. Drei große schwärzliche Flecken oben an der Flanke. Die Gefleckte Meerbarbe bildet zur Jagd kleine Gruppen von vier bis sechs Individuen. Sie wird bis zu 26 Zentimeter lang und ist von Florida bis Brasilien verbreitet.

FAMILIE PEMPHERIDAE

Kupfer-Beilbauchfisch
Pempheris schomburgki

Kleine Fische mit seitlich stark abgeflachtem Körper, in der Seitenansicht oval mit starker Verjüngung zum Schwanz hin. Silbrig-rosa Färbung mit sehr langer, an der Basis mit einem schwarzen Streifen versehenen Afterflosse. Der Kupfer-Beilbauchfisch lebt in dichtem Schwarm in Höhlen oder Spalten des Riffs, von wo aus er nachts zur Jagd ausschwärmt. Er wird bis zu 16 Zentimeter lang und ist von Florida bis Brasilien verbreitet.

FAMILIE KYPHOSIDAE

Bermuda-Ruderfisch
Kyphosus sectatrix

Hochrückiger, ovaler Körper mit kleinem, endständigem Maul. Graue Grundfärbung mit schmalen, gelblichen Längsstreifen. Pflegt sich im Schwarm nahe am Riff oder bei algenreichen, felsigen Seegründen aufzuhalten. Der Bermuda-Ruderfisch wird 76 Zentimeter lang und ist von Massachusetts bis Brasilien verbreitet.

FAMILIE EPHIPPIDAE

Karibik-Spatenfisch
Chaetodipterus faber

Sehr hochrückiger, seitlich abgeflachter Körper. Die Lappen der Rücken- und Afterflosse sind lang nach hinten ausgezogen. Grundfarbe gräulich mit vier bis fünf dunklen, senkrechten Bändern. Die Spatenfische bilden Schwärme, die etwas vom Riff entfernt stehen. Sie nähern sich manchmal neugierig den Tauchern. Spatenfische werden bis zu 90 Zentimeter lang und sind von Massachusetts bis Brasilien verbreitet.

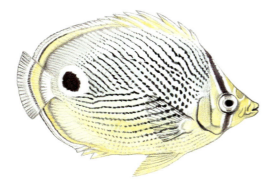

FAMILIE CHAETODONTIDAE

Vieraugen-Falterfisch
Chaetodon capistratus

Hochrückiger, extrem seitlich abgeplatteter Körper mit gelben Flossen und einem kleinen Augenfleck am hinteren Ende der Rückenflosse. Nachts verändert sich die Färbung – schmale dunkle Diagonalstreifen auf hellem Grund – und wird dunkler. Die Vieraugen-Falterfische schwimmen gewöhnlich paarweise nahe am Riff oder dem felsigen Meeresgrund. Sie werden bis zu 20 Zentimeter lang und sind von Massachusetts bis Brasilien verbreitet.

Riff-Falterfisch
Chaetodon sedentarius

Hochrückiger, seitlich extrem abgeflachter Körper, steiles, konkaves Vorderprofil mit zugespitzter Schnauze, nahezu senkrechtes Hinterprofil. Grundfärbung gelblich. Senkrechtes schwarzes Band über die Augen. Breites dunkles Band am Hinterkörper, das von der Rückenflosse bis zur Afterflosse verläuft. Der Riff-Falterfisch lebt bevorzugt auf Korallengrund und kommt in Tiefen bis 90 Meter vor. Er wird bis 15 Zentimeter lang und ist von North Carolina bis Brasilien verbreitet.

Flossenfleck-Falterfisch
Chaetodon ocellatus

Hochrückiger, seitlich extrem abgeflachter Körper mit gelben Flossen und einem kleinen schwarzen Fleck am Hinterrand der Rückenflosse. Die Körperscheibe ist tagsüber hell gefärbt und weist nachts dunkle Bänder auf. Die Flossenfleck-Falterfische schwimmen meist paarweise nahe beim Riff oder dem felsigen Meeresgrund. Sie erreichen eine Länge von 20 Zentimeter und sind von Massachusetts bis Brasilien verbreitet.

Karibik-Pinzettfisch
Chaetodon aculeatus

Hochrückiger, seitlich stark abgeflachter Körper mit sehr ausgeprägten vorderen Stachelstrahlen an der Rückenflosse. Lange, zugespitzte Schnauze. Der Karibik-Pinzettfisch lebt solitär und zieht die tieferen Bereiche des Riffs sowie die Spalten und Höhlen vor, in denen er auch Schutz sucht, wenn er erschreckt wird. Er wird bis zu zehn Zentimeter lang und ist von Florida bis Venezuela verbreitet.

Gestreifter Falterfisch
Chaetodon striatus

Hochrückiger, seitlich stark abgeflachter Körper. Weißliche Grundfärbung mit drei senkrechten dunklen Bändern, das erste davon über das Auge. Jungtiere haben einen Augenfleck an der Schwanzwurzel. Die Gestreiften Falterfische leben einzeln oder paarweise nahe beim Korallenriff. Sie werden bis zu 16 Zentimeter lang und sind von Massachusetts bis Brasilien verbreitet.

FAMILIE POMACANTHIDAE

Grauer Kaiserfisch
Pomacanthus arcuatus

Hochrückiger, seitlich stark abgeflachter Körper, Rücken- und Bauchflosse laufen spitz aus. Schwanzflosse mit gerader Rückkante. Grundfarbe gräulichbraun, Schnauzenmaske hellgrau, Innenseite der Brustflosse gelb. Die Grauen Kaiserfische halten sich alleine oder paarweise in den nahrungsreichsten Bereichen des Riffs auf. Sie werden bis zu 50 Zentimeter lang und sind von den Bermudas bis Brasilien verbreitet.

Franzosen-Kaiserfisch
Pomacanthus paru

Hochrückiger, seitlich stark abgeflachter Körper, Rücken- und Bauchflosse laufen spitz aus. Grundfärbung schwarz mit gelbgeränderten Schuppen, außerdem gelbe Markierungen auf Schnauze und Brustflosse. Schnauzenmaske weiß. Der Franzosen-Kaiserfisch bevorzugt die oberflächennahen Bereiche des Riffs mit reichem Gorgonienbesatz. Er wird bis zu 30 Zentimeter lang und ist von Florida bis Brasilien verbreitet.

Felsenschönheit
Holacanthus tricolor

Hochrückiger, seitlich stark abgeflachter Körper, Rücken- und Bauchflosse laufen spitz aus. Spezifische Färbung des Körpers schwarz und gelb sowie gelbe, gerundete Schwanzflosse. Die Schnauzenmaske ist blau. Die Felsenschönheit ist ausgeprägt territorial und bleibt gewöhnlich in der Nähe ihres Bereiches am Riff. Sie wird bis zu 20 Zentimeter lang und ist von Georgia bis Brasililen verbreitet.

Bermuda-Kaiserfisch
Holacanthus bermudensis

Hochrückiger, seitlich stark abgeflachter Körper, Rücken- und Bauchflosse laufen sehr spitz und lang aus und reichen über die abgerundete Schwanzflosse hinaus. Grundfarbe blaugrün, Flossen gelb gesäumt. Der Bermuda-Kaiserfisch bevorzugt die oberflächennahen Bereiche des Riffs. Er wird bis zu 38 Zentimeter lang und ist hauptsächlich zwischen Florida und Yucatan verbreitet.

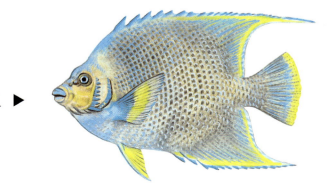

Diadem-Kaiserfisch
Holacanthus ciliaris

Hochrückiger, seitlich stark abgeflachter Körper, Rücken- und Bauchflosse laufen sehr spitz und lang aus und reichen über die abgerundete Schwanzflosse hinaus. Flanken tiefblau mit kleinen gelben Flecken, tiefblaue „Krone" auf der Front. Brust- und Schwanzflosse gelb. Der Diadem-Kaiserfisch lebt im oberflächennahen Bereich des Riffs ebenso wie im Tiefenbereich bis 70 Meter. Er wird bis 45 Zentimeter lang und ist von den Bermudas bis Brasilien verbreitet.

Blauer Zwergkaiser
Centropyge argi

Hochrückig-länglicher Körper, seitlich stark abgeflacht. Grundfärbung tiefblau mit gelber „Maske". Der Blaue Zwergkaiser lebt - manchmal in Gruppen – in den tieferen Bereichen des Riffs gewöhnlich unter 30 Meter. Er wird bis zu acht Zentimeter lang und ist von den Bermudas bis Venezuela verbreitet.

FAMILIE POMACENTRIDAE
Blauer Chromis
Chromis cyanea

Kleiner, ovaler Körper mit tief gespaltener Rückenflosse. Grundfärbung blau mit schwarz geränderten Rücken-, After- und Schwanzflossen sowie einem schwarzen Längsstreifen auf dem Rücken am Ansatz der Rückenflosse. Der Blaue Chromis bildet Schwärme über dem Riff. Er wird bis zu 13 Zentimeter lang und ist von Florida bis Venezuela verbreitet.

Brauner Chromis
Chromis multilineata

Kleiner, ovaler Körper mit tief gespaltener Rückenflosse. Grundfärbung graubraun, Rücken- und Schwanzflosse mit gelben Spitzen, schwarzer Punkt am Ansatz der Brustflosse. Der Braune Chromis lebt im Schwarm über den Korallenformationen, wo er Zooplankton im Freiwasser jagt. Er wird bis zu 17 Zentimeter lang und ist von Florida bis Brasilien verbreitet.

Schöner Gregory
Stegastes leucostictus

Länglich-ovaler Körper, gegabelter Schwanz mit abgerundeten Schwanzlappen. Bräunliche Grundfärbung, Rücken und Schwanzflosse gelblich. Diese Art ist territorial und zieht Sandgrund sowie Algenwiesen vor. Der Schöne Gregory wird bis zu zehn Zentimeter lang und ist von Maine bis Brasilien verbreitet.

Zweifarben-Gregory
Stegastes partitus

Körperform oval, seitlich abgeflacht, mit kleinem, endständigem Maul. Vordere Körperhälfte dunkel gefärbt, hintere weiß. Der Zweifarben-Gregory lebt in den oberen Bereichen des Riffs, wo er sein Territorium gegen andere Individuen seiner Art verteidigt. Er wird bis zu zwölf Zentimeter lang und ist von Florida bis zum Golf von Mexiko verbreitet.

Dreifleck-Gregory
Stegastes planifrons

Ovaler, seitlich abgeflachter Körper mit kleinem, endständigem Maul. Grundfärbung dunkel, schwarzer Punkt an der Schwanzwurzel und am Ansatz der Brustflosse, gelb umrandete Augen. Der Dreifleck-Gregory lebt im oberen Bereich des Riffs und verteidigt sein Territorium gegenüber jedem Eindringling, auch gegenüber Tauchern. Er wird bis zu zwölf Zentimeter lang und ist von Florida bis zum Golf von Mexiko verbreitet.

Gestreifter Sergeant
Abudefduf saxatilis

Ovaler, seitlich abgeflachter und rauhschuppiger Körper. Grundfärbung silbrigweiß mit schwarzen Bändern. Rücken gelblich. Der Gestreifte Sergeant lebt im Schwarm im oberflächennahen Bereich des Riffs. Er wird bis zu 20 Zentimeter lang und ist von Rhode Island bis Uruguay verbreitet.

Juwelen-Riffbarsch
Microspathodon chrysurus

Kleiner, kräftiger Körper mit gespaltener Schwanzflosse und abgerundeten Schwanzlappen. Grundfärbung bräunlich mit blauen Flecken am Rücken und gelber Schwanzflosse. Die Jungfische pflegen zwischen den Zweigen von Feuerkorallen zu stehen und betätigen sich manchmal als Putzerfische. Die Erwachsenen behaupten kleine Territorien im oberflächennahen Bereich des Riffs. Der Juwelen-Riffbarsch wird bis zu 21 Zentimeter lang und ist von Florida bis Venezuela verbreitet.

FAMILIE LABRIDAE

Spanischer Schweinslippfisch
Bodianus rufus

Kräftiger Körper, zugespitzter Kopf, großes Maul. Rücken einschließlich Rückenflosse variabel rot, blau oder violett, übriger Körper gelblich. Der Spanische Schweinslippfisch schwimmt immer in Bodennähe, wo er Krebstiere, Haarsterne und Mollusken erbeutet. Die Jungtiere betätigen sich auch als Putzerfische. Nicht scheu gegenüber Tauchern. Der Spanische Schweinslippfisch wird bis zu 40 Zentimeter lang und ist von Florida bis Brasilien verbreitet.

Kuba-Schweinslippfisch
Bodianus pulchellus

Kräftiger Körper, Kopf und Maul zugespitzt. Grundfärbung fast vollständig rot außer Schwanzflosse und Teile der Afterflosse, die gelb sind. Mehr oder weniger deutlicher, weißer Seitenstreifen. Der Kuba-Schweinslippfisch kommt gewöhnlich im tiefen Bereich des Riffs vor. Die Jungtiere putzen. Der Kuba-Schweinslippfisch wird bis zu 20 Zentimeter lang und ist von Florida bis Brasilien verbreitet.

Eber-Lippfisch
Lachnolaimus maximus

Recht großer Lippfisch mit zugespitztem Kopf und charakteristischem, konkavem Profil. Die ersten Strahlen der Rückenflosse sind stark verlängert. Grundfärbung weißlich mit einem braunen Streifen vom Maul bis über den Rücken. Der Eber-Lippfisch bevorzugt den Sandgrund, in dem er seinen Beute aufspürt. Er wird bis zu 90 Zentimeter lang und ist von North Carolina bis Brasilien verbreitet.

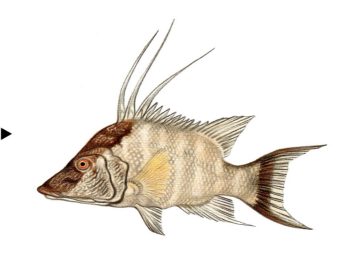

Blaukopf-Junker
Thalassoma bifasciatum

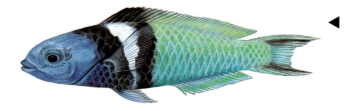

Länglicher, seitlich abgeflachter Körper mit gegabelter Schwanzflosse. Die Farbung variiert stark in Abhängigkeit vom Alter. Bei den Erwachsenen ist das Hinterende grün, das Vorderteil blau gefärbt, dazwischen liegen schwarze und weiße Bänder. Die Jungfische sind einfarbig gelblich. Die Blaukopf-Junker trifft man in großer Zahl in den unterschiedlichsten Habitaten an. Sie werden bis zu 18 Zentimeter lang und sind von Florida bis Venezuela verbreitet.

Pudding-Junker
Halichoeres radiatus

Hochrückiger, seitlich abgeflachter Körper mit gerade endender, gelbgesäumter Schwanzflosse. Bei den Erwachsenen ist die Grundfärbung grünlich mit fünf blassen Flecken auf dem Rücken. Der Pudding-Junker ist häufig über dem Flachbereich der Riffe zu finden. Er schwimmt kontinuierlich und ist sehr scheu gegenüber dem Taucher. Er erreicht eine Länge bis zu 50 Zentimeter und ist von North Carolina bis Brasilien verbreitet.

Zweistreifen-Junker
Halichoeres bivittatus

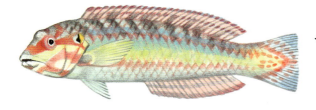

Langgestreckter Körper mit kräftiger Schwanzwurzel und kurzer Schwanzflosse. Färbung extrem variabel, aber vorwiegend grünlich. Zwei dunkle Längsstreifen entlang der Flanke. Die Spitzen der Schwanzflosse sind dunkel gefärbt. Den Zweistreifen-Junker findet man in den unterschiedlichsten Habitaten, vom Korallenriff bis zu Sandgrund und Seegraswiesen. Er wird bis zu 26 Zentimeter lang und ist von North Carolina bis Brasilien verbreitet.

Kreolen-Lippfisch
Clepticus parrae

Länglicher Körper mit spitzem Kopf und schrägstehendem Maul. Rücken- und Afterflossen haben spitze Enden, und die Schwanzflosse ist leicht sichelförmig. Die ausgewachsenen Tiere sind dunkel purpurrot gefärbt mit gelblicher Bauchseite und bleichem Kehlbereich. Über dem Auge liegt eine schwarze Stelle. Die Kreolen-Lippfische bevorzugen die tieferen Stellen des Riffs und versammeln sich dort vor Sonnenuntergang zu großen Schwärmen. Sie werden bis zu 30 Zentimeter lang und sind von North Carolina bis zum Golf von Mexiko verbreitet.

FAMILIE SCARIDAE

Himmelblauer Papageifisch
Scarus coeruleus

Langgestreckter und kräftiger Körper. Adulte Männchen haben einen charakteristischen Kopfhöcker, und ihre Grundfärbung ist hellblau. Der Himmelblaue Papageifisch ernährt sich hauptsächlich von Algen, und hierbei bewegt er sich unablässig von einem Bereich des Riffs zum anderen. Er wird bis zu 90 Zentimeter lang und ist von Maryland bis Brasilien verbreitet.

Königin-Papageifisch
Scarus vetula

Spindelförmige Körperform. Grundfärbung blaugrün mit rosagelben Schuppenrändern. An den Wangen breite blaue Streifen, die Maul und Augen verbergen. Der Königin-Papageifisch ernährt sich von Algen und lebt im Flachwasser bis 25 Meter Tiefe. Er wird bis zu 60 Zentimeter lang und ist von Florida bis Argentinien verbreitet.

Signal-Papageifisch
Sparisoma viride

Länglicher, kräftiger Körper. Hauptfärbung grün mit gelben Schuppenrändern. Gelborange Streifen am Kopf und an der Afterflosse. Gelber Fleck auf dem Schwanzstiel. Die Signal-Papageifische kommen relativ häufig an Riffen vor, wo sich Sandgründe mit Riffzonen abwechseln, die reich an Algen sind. Er wird bis zu 50 Zentimeter lang und ist von Florida bis Brasilien verbreitet.

Rotbinden-Papageifisch
Sparisoma aurofrenatum

Ovale Körperform. Grundfärbung grün mit roter und oranger Schattierung. Oranger Streifen vom Maul am Auge entlang aufsteigend, Rücken- und Afterflosse purpurfarbig. Der Rotbinden-Papageifisch lebt an Riffen, an denen er reichlich Algen findet. Er wird bis zu 35 Zentimeter lang und ist von Florida bis Brasilien verbreitet.

FAMILIE OPISTOGNATHIDAE

Goldstirn-Kieferfisch
Opistognatus aurifrons

Kleiner, bodenlebender Fisch mit länglichem, schlankem Körper. Kurzer, kräftiger Kopf mit großen Augen. Die Grundfärbung des Körpers ist hellblau, die des Kopfes gelb. Der Goldstirn-Kieferfisch hält sich nahe seiner selbstgegrabenen Wohnhöhle am Meeresgrund auf, wo er schnell Schutz suchen kann. Er wird bis zu zehn Zentimeter lang und ist von Florida bis Venezuela verbreitet.

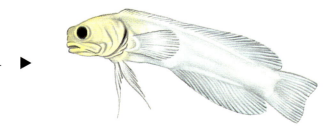

FAMILIE SPHYRAENIDAE

Großer Barrakuda
Sphyraena barracuda

Langgestreckter, halbzylindrischer Körper mit langer, spitzer Schnauze und hervorragendem Unterkiefer. Die beiden Rückenflossen klar voneinander abgesetzt. Schwanzflosse leicht eingekerbt, die Flossenlappen zugespitzt. Die Grundfärbung ist silbrig mit dunklen, vertikalen Bändern an den Flanken sowie kleinen Punkten. Der Große Barrakuda lebt in Küstengewässern über Korallengrund, Sand oder Seegraswiesen. Er wird bis zu zwei Meter lang und ist zirkumtropisch verbreitet.

FAMILIE SCOMBRIDAE

Cero
Scomberomorus regalis

Torpedoförmige Gestalt, an der Schwanzwurzel zahlreiche kleine Flösselchen auf Rücken- und Bauchseite. Charakteristisch gespaltene Schwanzflosse. Grundfärbung silbrig mit mehreren Reihen messingfarbener Flecken auf der Flanke. Die Ceros halten sich im Freiwasser entlang des Außenriffs auf. Sie werden bis zu 86 Zentimeter lang und sind von Massachusetts bis Brasilien verbreitet.

FAMILIE BLENNIDAE

Zweifarben-Kammzähner
Ophioblennius atlanticus

Kleiner und länglicher, seitlich stark abgeflachter Körper mit stumpfem Kopf. Maul außerordentlich dicklippig. Die Grundfärbung ist auf der Vorderhälfte dunkel, auf der Hinterhälfte heller. Gelbe oder rötliche Schattierungen auf Rücken- und Afterflosse. Der Zweifarben-Kammzähner ist territorial, er bevorzugt felsigen Grund in oberflächennahen Riffbereichen. Er wird bis zu 13 Zentimeter lang und ist von North Carolina bis Brasilien verbreitet.

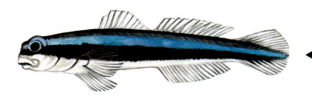

FAMILIE GOBIIDAE

Neon-Grundel
Gobiosoma oceanops

Kleiner und langgestreckter Körper, dunkelgefärbt und mit charakteristischen zwei fluoreszierenden blauen Längsstreifen. Putzerfisch, der mit anderen Artgenossen zusammen an Korallenstöcken „Putzerstationen" unterhält. Die Neon-Grundel wird bis zu fünf Zentimeter lang und ist von Florida bis Honduras verbreitet.

Hainasen-Grundel
Gobiosoma evelynae

Kleine Grundel mit dunklem Rücken und blasser Bauchseite. Fahlgelber Seitenstreifen, der zwischen den Augen ein V bildet. Die Hainasen-Grundeln versammeln sich häufig zu Putzergruppen an bestimmten Stellen des Riffs. Sie werden vier Zentimeter lang und sind von den Bahamas bis zu den Kleinen Antillen verbreitet.

FAMILIE ACANTHURIDAE

Streifen-Doktorfisch
Acanthurus chirurgus

Hochrückiger, seitlich stark abgeflachter Körper. Färbung grau bis dunkelbraun mit einer Reihe von dunkleren Bändern auf den Flanken, deren Intensität variabel ist. Die Tiere dieser Art sind gewöhnlich alleine anzutreffen, gegebenenfalls auch untermischt mit anderen Doktorfischen, die wie sie das Riffdach nach Algen abgrasen. Die Streifen-Doktorfische werden bis zu 25 Zentimeter lang und sind von Massachusetts bis Brasilien verbreitet.

Blauer Doktorfisch
Acanthurus coeruleus

Hochrückiger, seitlich stark abgeflachter Körper. Färbung tiefblau mit wellenförmigen Längsstreifen. Jungtiere leuchtend gelb gefärbt mit blauem Flossensaum. Lebt in Paaren oder im Schwarm, gegebenenfalls auch untermischt mit anderen Doktor- und Papageifischen, grast im Flachwasser. Die Blauen Doktorfische werden bis zu 35 Zentimeter lang und sind von den Bermudas bis Brasilien verbreitet.

Ozean-Doktorfisch
Acanthurus bahianus

Hochovaler Körper. Schwanzflosse sichelförmig. Färbung variabel von blaugrau bis dunkelbraun, aber ohne dunkle Bänder. Helle schmale Streifen um das Auge. Der Ozean-Doktorfisch bevorzugt flache oder nur leicht geneigte Korallenriffe. Er wird bis zu 35 Zentimeter lang und ist von Massachusetts bis Brasilien sowie auch im Ostatlantik verbreitet.

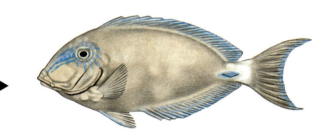

FAMILIE BOTHIDAE

Pfauen-Butt
Bothus lunatus

Plattfisch, beide Augen auf der linken Seite. Charakteristische blaue Ringe über die ganze Körperseite verteilt, außerdem auf der Seitenlinie zwei oder drei dunkle Punkte. Obenliegende Brustflosse sehr lang und häufig abgespreizt. Der Pfauen-Butt liegt auf sandigem oder mit Detritus bedecktem Grund, dessen Struktur und Färbung er sich erstaunlich gut anpassen kann. Er wird bis zu 40 Zentimeter lang und ist von Florida bis Brasilien verbreitet.

FAMILIE BALISTIDAE

Atlantischer Drückerfisch
Balistes capriscus

Länglich-rhomboide Körperform mit stumpfer Schnauze. Grundfärbung graubräunlich mit kleinen bläulichen Punkten und Strichen auf Körperoberseite und Flossen. Der Atlantische Drückerfisch lebt alleine oder in kleinen Gruppen über felsigen Meeresgründen oder treibt an der Oberfläche im Sargassum. Er wird bis zu 30 Zentimeter lang und ist von Nova Scotia bis Argentinien sowie auch im Ostatlantik verbreitet.

Königin-Drückerfisch
Balistes vetula

Länglich-rhomboider Körper, Rücken- und Schwanzflosse lang ausgezogen. Färbung variabel grün, blau und gelblich. Zwei blaue Streifen seitlich am Kopf sowie weitere an Flossen und Flossenbasis. Der Königin-Drückerfisch lebt auf Sandgrund und Geröll, wo er Seeigel erbeutet, die zu seiner Lieblingsbeute gehören. Er wird bis zu 50 Zentimeter lang und ist zirkumtropisch verbreitet.

Schwarzer Drückerfisch
Melichthys niger

Länglich-rhomboider Körper. Grundfärbung blauschwarz mit hellen Streifen an der Basis von Rücken- und Afterflosse. Die Schwarzen Drückerfische leben in kleinen Gruppen bis in 60 Meter Tiefe entlang des Außenriffs. Sie werden bis zu 50 Zentimeter lang und sind zirkumtropisch verbreitet.

Sargasso-Drückerfisch
Xanthichthys ringens

Eine der kleinsten Arten mit der typischen Körperform der Drückerfische. Grundfärbung hellblau mit drei schwarzen Querstreifen auf dem Kiemendeckel und mehreren horizontalen Reihen dunkler Striche auf der Flanke. Der Sargasso-Drückerfisch lebt einzeln oder in kleinen Gruppen im mittleren bis tiefen Außenriff-Bereich. Jungfische driften häufig mit dem Sargassum an der Oberfläche. Der Sargasso-Drückerfisch wird bis zu 25 Zentimeter lang und ist von North Carolina bis Brasilien verbreitet.

FAMILIE MONACANTHIDAE

Schrift-Feilenfisch
Aluteres scriptus

Langgestreckter, seitlich stark abgeplatteter Körper, lange Schnauze, spitzes Maul, breite Schwanzflosse. Grundfärbung variabel oliv bis braungrau, mit charakteristischen, unregelmäßigen blauen Streifen sowie dunklen Punkten. Der Schrift-Feilenfisch lebt solitär. Er ist sowohl in flachen Lagunen als auch entlang des Außeriffs und im Freiwasser anzutreffen. Er wird bis zu 1,1 Meter lang und ist zirkumtropisch verbreitet.

FAMILIE OSTRACIIDAE

Perlen-Kofferfisch
Lactophrys triqueter

Der im Querschnitt viereckige Körper ist von sechseckigen, starren Knochenplatten umhüllt. Grundfärbung dunkel mit zahlreichen hellen Punkten und Hexagonalen. Der Perlen-Kofferfisch lebt gewöhnlich solitär, bildet aber gelegentlich auch kleine Gruppen. Er bevorzugt Korallengründe und Sandflächen, auf denen er benthische Wirbellose erbeutet. Er wird bis zu 30 Zentimeter lang und ist von Massachusetts bis Brasilien verbreitet.

Horn-Kofferfisch
Acanthostracion quadricornis

Typische gepanzerte Körperform der Kofferfische mit langer Schwanzflosse. Körper im Querschnitt viereckig. Zwei Stacheln über den Augen. Grundfärbung gelblich mit zahlreichen blauen Streifen und Punkten. Der Horn-Kofferfisch ist gewöhnlich alleine am Meeresgrund entweder auf Seegraswiesen oder über Sand und Geröll anzutreffen, wo er sessile Wirbellose erbeutet und sich farblich tarnt. Er wird bis zu 38 Zentimeter lang und ist von Massachusetts bis Brasilien verbreitet.

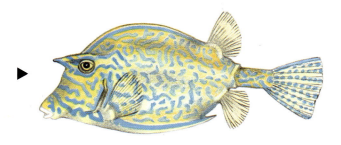

FAMILIE TETRAODONTIDAE

Karibik-Spitzkopfkugelfisch
Canthigaster rostrata

Dickbäuchige, dreieckige Körperform mit spitzer Schnauze und kleinem, endständigem Maul sowie breiter Schwanzwurzel. Rücken dunkel gefärbt, die Flanken gelblich. Blaue Streifen und Punkte um die Augen herum, am Maul und auf dem Rücken. Der Karibik-Spitzkopfkugelfisch ist vorzugsweise auf Seegraswiesen und Fleckriffen anzutreffen. Er wird bis zu elf Zentimeter lang und ist von Florida bis Brasilien verbreitet.

Geperlter Kugelfisch
Sphoeroides spengleri

Spindelförmiger, runder Körper mit breiter Schwanzflosse. Oberseite bräunlich mit unregelmäßigen hellen Linien und Punkten, Bauchseite hell mit einer Fleckenreihe über die ganze Flanke. Zwei dunkle Bänder an der Schwanzflosse. Der Geperlte Kugelfisch lebt vorzugsweise in Küstenbuchten über Felsgrund oder Seegraswiesen. Selten findet man ihn nahe bei Riffen. Er wird bis zu 30 Zentimeter lang und ist von den Bermudas bis Brasilien verbreitet.

Schildkröten-Kugelfisch
Sphoeroides testudineus

Runder, spindelförmiger Körper. Grundfärbung des Rückens braunoliv mit hellem, geometrischem Streifenmuster, das eine Art Gitter bildet. Findet sich vorwiegend in Küstenbuchten und Flußeinmündungen über Steingrund und Seegraswiesen, seltener an den Riffen. Der Schildkröten-Kugelfisch wird bis zu 30 Zentimeter lang und ist von den Bermudas bis Brasilien verbreitet.

FAMILIE DIODONTIDAE

Gepunkteter Igelfisch
Diodon histrix

Länglich-ovaler Körper mit stumpfem Kopf und leicht gespitzter Schnauze. Kugelige, ausgestülpte Augen. Zähne in Ober- und Unterkiefer zu jeweils einer Zahnplatte verschmolzen. Die Haut ist mit Stacheln bedeckt, die sich aufrichten, wenn der Fisch sich mit Wasser oder Luft aufpumpt. Der Gepunktete Igelfisch bleibt tagsüber meist in Höhlen oder anderen dunklen Nischen des Riffs. Er wird bis zu 90 Zentimeter lang und ist zirkumtropisch verbreitet.

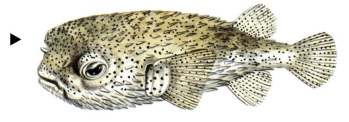

Die praktische Anleitung für den Unterwasserfotografen:

Kurt Amsler
Kurts Fototips

Warum, was und wo fotografieren – das braucht man bei der heutigen Verbreitung der Unterwasserfotografie keinem Taucher mehr zu erzählen. Bleibt aber die Frage: Wie fotografieren? Hierzu hat Kurt Amsler, basierend auf seiner Tätigkeit als Leiter entsprechender Kurse, einen praxisbezogenen Lehrgang entwickelt. Von der Pike auf werden die Grundlagen, das Equipment, alle Möglichkeiten und die dazu nötigen Techniken der Unterwasserfotografie in Wort und Bild erläutert. Jeweils in sich abgeschlossene Kapitel erleichtern das schrittweise Verarbeiten, praktische Tips regen zum Ausprobieren an. Und der Text ist kurz und prägnant nach dem Motto: Kurz mit Kurt!

ISBN 3-86132-186-6

Fotonachweis

Kurt Amsler: S. 1, 2-3, 6 (A, C), 7, 8, 9, 10, 11, 12, 13, 16, 17, 20, 21, 24, 25, 26, 27, 34 (C, D), 35, 38, 39, 54, 55, 58, 59, 62, 63, 66, 67, 68, 69, 72, 73, 76, 77, 80, 81, 84, 85, 86, 87, 90, 100, 101, 104, 105, 108, 109, 112, 113, 118 (A, C), 119 (E, G, H, I), 122 (B, D, E), 123, 126 (A, B, C), 127, 130, 131 (F, G, H, J), 132, 133, 134 (A, B, C, D), 135, 138 (A, B, C, D, F), 139 (H, I, J);
Marcello Bertinetti/Archivio White Star: S. 6 (B), 114 (A), 115 (E);
Daniel Deflorin: S. 6 (D), 59 (F), 114 (B), 115 (C, D, F), 118 (B, D), 119 (F), 122 (A, C), 126 (D);
Eleonora De Sabata: S. 40 (A), 44 (A, B, C, D), 45, 48, 49, 52, 53;
Stephen Frink/Archiv Kurt Amsler: S. 30, 31, 34 (A, B);
Andrea und Antonella Ferrari: S. 40 (B, C), 41, 44 (A), 52, 53, 68, 69;
John Neuschwander: S. 134 (D), 139 (G), 142 (A, B, C, E), 143 (G, H);
Dietmar Reimer/Archiv Curacao Toeristen Bureaux Benelux, Rotterdam: S. 142 (D).

Die Unterwasserwelt erleben mit prächtigen Bildbänden:

Kurt Amsler
Malediven
Enzyklopädie der Unterwasserwelt

Dieses Buch nimmt den Leser mit auf eine Reise in das Reich der tausend Inseln und offenbart – durch die hervorragenden Fotos und den Text Kurt Amslers – den ungewöhnlichen Reiz und die Geheimnisse des Meeresgrundes. Der Leser taucht mit hinab in die Grotten von Digalihaa, begegnet Schwärmen von Haien vor Mushimasmingili oder schwimmt durch die Laderäume des Wracks der „Maldive Victory". Dabei begegnet er der Natur in ihrer bemerkenswertesten Form, voller Leben, Formen und Farben.

ISBN 3-86132-138-6

Franco Banfi
Papua-Neuguinea
Enzyklopädie der Unterwasserwelt

Eine eigene unverdorbene Welt mit einer unglaublichen Vielfalt an Formen und Farben tut sich auf. Franco Banfi läßt den Leser mit prächtigen Fotos und spannenden Erzählungen an der Erforschung einer traumhaften Unterwasserwelt teilnehmen. Kathedralenartige Höhlen öffnen sich, vielfarbige Korallenfische quellen aus den Spalten bizarrer Riffe, herrliche Korallenformationen bauen sich vor der Kamera auf. Der Leser erlebt die packenden Begegnungen des Autors mit den Großfischen des Meeres. Er sieht, wie Haie und Barrakudas aus der Weite des Meeres auftauchen, um ihr Revier zu kontrollieren.

ISBN 3-86132-172-6

Kurt Amsler
Karibik
Enzyklopädie der Unterwasserwelt

Die Karibik hat mit ihren freundlichen Bewohnern, dem milden Klima und der Üppigkeit ihrer Vegetation auf Besucher immer einen ganz besonderen Zauber ausgeübt. Und auch ihre Unterwasserwelt ist voller Wunder. Kurt Amslers prächtige Fotos und lebendige Erzählungen entführen den Leser zu einer unvergeßlichen Reise durch die Geheimnisse der karibischen Unterwasserwelt, wozu auch die Begegnung mit den Delphinen der Bahama Bank und mit den Stechrochen von Stingray Citiy, ein Tauchgang im geheimnisvollen „Blauen Loch" vor Belize oder ein Besuch des „Schiffsfriedhofs" vor Martinique gehören.

ISBN 3-86132-179-3